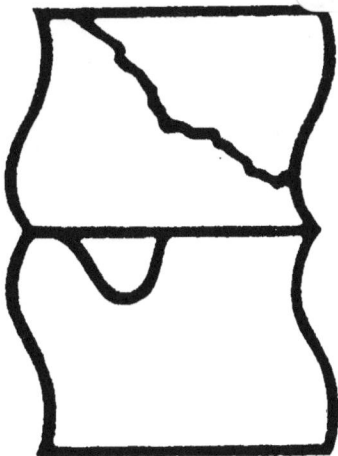

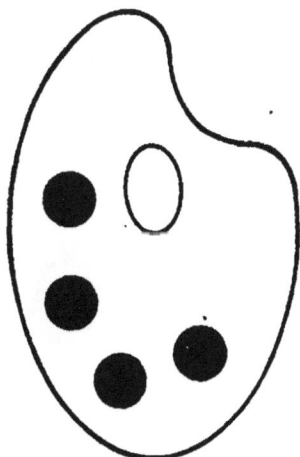

ARTS

SCIENCES

LETTRES

BIBLIOTHÈQUE NATIONALE

SEDAINE

LE PHILOSOPHE
SANS LE SAVOIR

LA GAGEURE IMPRÉVUE

PARIS

Librairie de la BIBLIOTHÈQUE NATIONALE
L. PFLUGER, Éditeur
Passage Montesquieu, 5, rue Montesquieu
PRÈS LE PALAIS-ROYAL

Le vol. broché, **25** c.; relié, **45** c.; *F°*, **10** c. en sus par volume.

Nota. — Le colis postal diminue beaucoup les frais de port :
1 colis de 3 kil. peut contenir 38 vol. brochés ou 34 reliés; celui de
5 kil., 65 vol. brochés ou 55 reliés.

*Adresser les demandes affranchies à M. L. PFLUGER, éditeur,
passage Montesquieu, r. Montesquieu, près le Palais-Royal, Paris.*

Dictionnaire de la Langue française usuelle, de 416 pages

Prix, cartonné, 1 fr.; franco, 1 fr. 20.

Bibliothèque Nationale. — Volumes à 25 c.
CATALOGUE AU 1er JANVIER 1895

BIBLIOTHÈQUE NATIONALE

COLLECTION DES MEILLEURS AUTEURS ANCIENS ET MODERNES

SEDAINE

LE PHILOSOPHE
SANS LE SAVOIR

LA GAGEURE IMPRÉVUE

PARIS
LIBRAIRIE DE LA BIBLIOTHÈQUE NATIONALE
PASSAGE MONTESQUIEU (RUE MONTESQUIEU)
Près le Palais-Royal

—

1895
Tous droits réservés

NOTICE SUR SEDAINE

—

SEDAINE (Michel-Jean), né à Paris le 14 juil-
let 1719, était le fils d'un architecte qui, ayant
dissipé sa fortune, obtint un emploi dans le
Berri et y mourut de chagrin. Bien jeune encore, Michel Sedaine dut interrompre ses étu-
des et revint dans la capitale, où, pour sou-
tenir sa famille, il ne recula pas devant les
travaux les plus pénibles : il se fit tailleur de
pierre. Mais le jeune manœuvre n'abandonna
pas ses occupations favorites, et pendant les
courts répits que lui laissait sa rude besogne,
il lisait avidement les livres qu'il avait toujours soin d'emporter avec ses outils.

Un jour, l'architecte Buron le surprit, à
l'heure du repos, étudiant un ouvrage qu'il
fut bien étonné de trouver entre les mains
d'un modeste ouvrier. Buron ne se contenta
pas de le féliciter : il l'emmena chez lui, l'ad-
mit au nombre de ses élèves, et, par la suite,
en fit un de ses associés.

Ce bienfait ne fut pas perdu pour la famille
de l'architecte, car, plus tard, Sedaine fit élever le petit-fils de Buron, et cet enfant devint

le célèbre peintre David, le chef incontesté de l'école française au commencement de ce siècle.

Sedaine, qui avait donné carrière à ses goûts littéraires, publia un grand nombre de poésies qui attirèrent sur lui quelque attention. L'une d'elles : *Ah! mon habit, que je vous remercie*, lui valut même de grands encouragements. Mais il ne se fit vraiment connaître du public que lorsqu'il aborda le théâtre. Ses œuvres, mises en musique par Grétry, Philidor, et surtout par Monsigny, eurent un grand succès et le font considérer comme le véritable créateur du genre appelé aujourd'hui opéra-comique.

Parmi toutes les pièces de ce genre qu'il fit représenter, on peut citer : *le Diable à quatre, le Déserteur, Rose et Colas, Aline, reine de Golconde*, et, la plus célèbre, *Richard Cœur-de-Lion*.

Ces succès ne suffisaient point à Sedaine; il voulut s'élever jusqu'à la Comédie-Française, et ses tentatives furent heureuses, puisque, sur les trois pièces qu'il présenta, deux sont restées au répertoire : *la Gageure imprévue* et *le Philosophe sans le savoir*.

A propos de cette dernière comédie, tous les biographes de Sedaine ne manquent pas de répéter ce que lui dit Diderot, après en avoir entendu la lecture : « Mon ami, si tu n'étais pas si vieux, je te donnerais ma fille.»

Voici une autre anecdote qui prouve le cas que Voltaire faisait du caractère et du talent original de l'auteur du *Philosophe sans le savoir*. Voltaire, sortant d'une séance de l'Académie, où il avait pris la parole, à propos des plagiats littéraires, dit à Sedaine : « Vous ne prenez rien à personne, vous ! » — « Aussi ne suis-je pas riche ! » avait répondu l'ancien tailleur de pierre.

Sedaine entra à l'Académie en 1785.

La Révolution le priva de ce titre d'académicien qui lui était si cher. Les infirmités de la vieillesse, et aussi les chagrins causés par une existence peu fortunée, attristèrent ses dernières années. Sa mort, annoncée prématurément, lui procura le triste avantage de lire, de son vivant, les éloges funèbres qui étaient bien dus à cette longue et laborieuse carrière d'un homme qui, malgré la causticité de son esprit, laissa des preuves non équivoques de la bonté de son cœur.

Sedaine mourut le 17 mai 1797.

NOTE DES ÉDITEURS

—

Lorsque Sedaine voulut faire représenter *le Phi-losophe sans le savoir*, la pièce fut retenue un certain temps par la censure : il y avait là un père qui laissait son fils se battre en duel, et qui même autorisait, ordonnait cette rencontre ! Cela paraissait monstrueux, surtout à une époque où les édits rendus contre les duels par Louis XIII et Louis XIV étaient encore en vigueur.

L'auteur dut se résoudre à mutiler son œuvre, mais non sans protestation, car l'édition originale de sa comédie fut publiée avec un appendice reproduisant, telles qu'il les avait créées, les scènes censurées, en les faisant précéder d'une note explicative.

Néanmoins, *le Philosophe sans le savoir*, resté au répertoire du Théâtre-Français, a toujours été joué avec les changements exigés par la censure de 1765. Ce n'est qu'en 1875, par conséquent cent dix ans après la première représentation, que l'œuvre de Sedaine a été reprise, par la Comédie-Française, d'après le manuscrit même de l'auteur, c'est-à-dire avec les variantes de l'édition originale.

Les éditeurs de la *Bibliothèque nationale* voulaient donner ici la comédie de Sedaine telle qu'elle est jouée aujourd'hui ; mais ils ont pensé qu'il serait plus intéressant pour le lecteur de lire d'abord la pièce qui a été représentée sur cent théâtres et imprimée dans vingt éditions, et de trouver ensuite la Note de l'auteur et les Variantes, que nous reproduisons d'après l'édition de 1765, devenue très-rare.

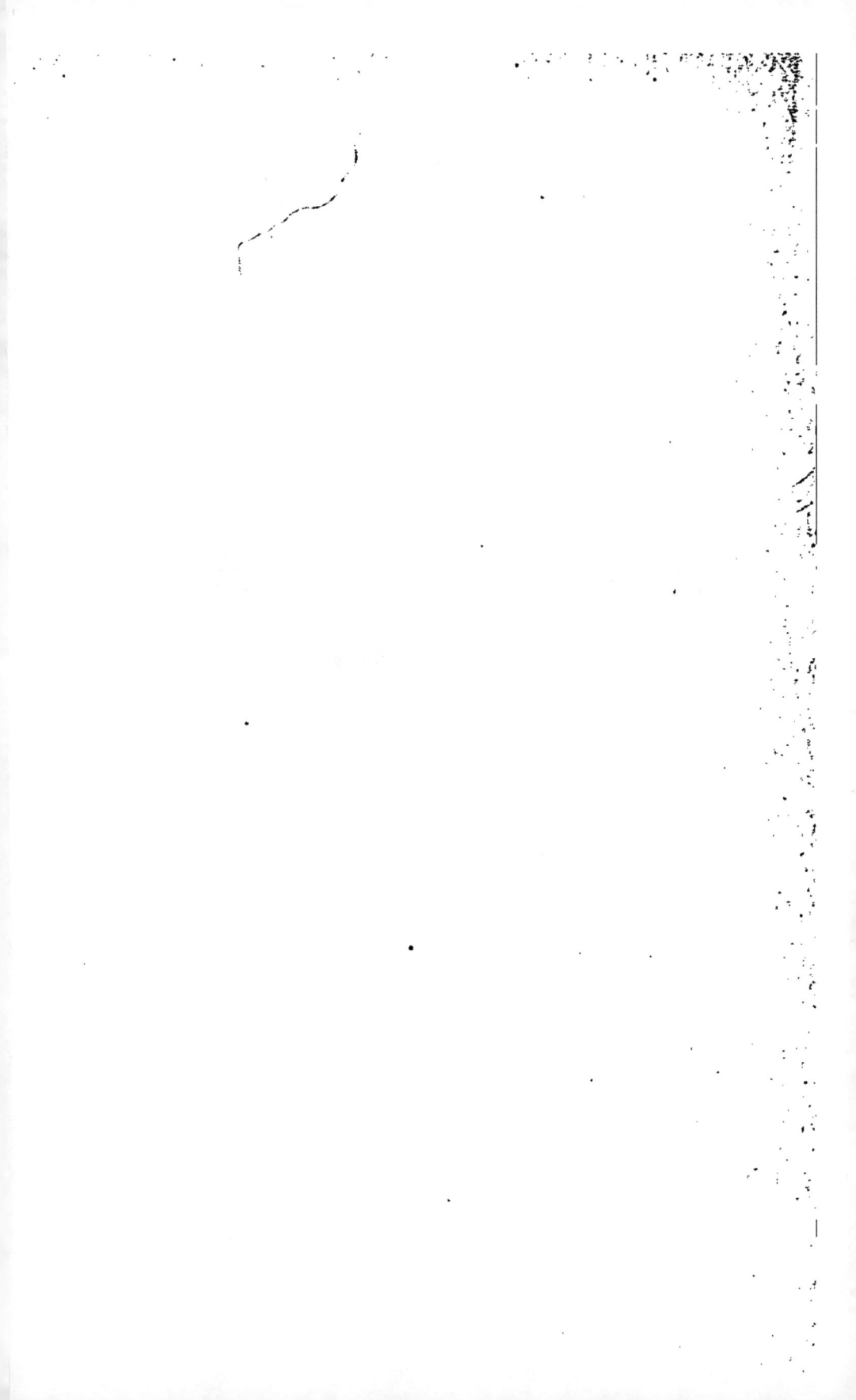

LE

PHILOSOPHE SANS LE SAVOIR

COMÉDIE EN CINQ ACTES, EN PROSE

1765

PERSONNAGES

M. VANDERK père.
M. VANDERK fils.
M. DESPARVILLE père, ancien officier.
M. DESPARVILLE fils, officier de cavalerie.
Madame VANDERK.
UNE MARQUISE, sœur de M. Vanderk père.
Mademoiselle SOPHIE VANDERK, fille de M. Vanderk.
UN PRÉSIDENT, futur époux de mademoiselle Vanderk.
ANTOINE, homme de confiance de M. Vanderk.
VICTORINE, fille d'Antoine.
Un Domestique de M. Desparville.
Un Domestique de M. Vanderk fils.
Les Domestiques de la maison.
Le Domestique de la marquise.

La scène se passe dans une grande ville de France.

LE
PHILOSOPHE SANS LE SAVOIR

ACTE PREMIER

(Le théâtre représente un grand cabinet éclairé de bougies. Un secrétaire sur un des côtés; il est chargé de papiers et de cartons).

—

SCÈNE PREMIÈRE

ANTOINE, VICTORINE.

ANTOINE.

Quoi! je vous surprends votre mouchoir à la main, l'air embarrassé, vous essuyant les yeux, et je ne peux pas savoir pourquoi vous pleurez?

VICTORINE.

Bon, mon papa! les jeunes filles pleurent quelquefois pour se désennuyer.

ANTOINE.

Je ne me paye pas de cette raison-là.

VICTORINE.

Je venais vous demander...

ANTOINE.

Me demander? Et moi je vous demande ce que vous avez à pleurer, et je vous prie de me le dire.

VICTORINE.

Vous vous moquerez de moi.

ANTOINE.

Il y aurait assurément un grand danger.

VICTORINE.

Si cependant ce que j'ai à vous dire é ait

vrai, vous ne vous en moqueriez certainement pas.

ANTOINE.

Cela peut être.

VICTORINE.

Je suis descendue chez le caissier de la part de madame.

ANTOINE.

Eh bien?

VICTORINE.

Il y avait plusieurs messieurs qui attendaient leur tour, et qui causaient ensemble. L'un d'eux a dit : « Ils ont mis l'épée à la main, nous sommes sortis, et on les a séparés. »

ANTOINE.

Qui?

VICTORINE.

C'est ce que j'ai demandé. « Je ne sais, m'a dit l'un de ces messieurs, ce sont deux jeunes gens : l'un est officier dans la cavalerie, et l'autre dans la marine. — Monsieur, l'avez-vous vu? — Oui. — Habit bleu, parements rouges? — Oui. — Jeune? — Oui, de vingt à vingt-deux ans. — Bien fait? » Ils ont souri; j'ai rougi et je n'ai osé continuer.

ANTOINE.

Il est vrai que vos questions étaient fort modestes.

VICTORINE.

Mais si c'était le fils de monsieur?...

ANTOINE.

N'y a-t-il que lui d'officier?

VICTORINE.

C'est ce que j'ai pensé.

ANTOINE.

Est-il le seul dans la marine?

VICTORINE.

C'est ce que je me disais.

ANTOINE.

N'y a-t-il que lui de jeune?

VICTORINE.

C'est vrai.

ANTOINE.

Il faut avoir le cœur bien sensible.

VICTORINE.

Ce qui me ferait croire encore que ce n'est pas lui, c'est que ce monsieur a dit que l'officier de marine avait commencé la querelle.

ANTOINE.

Et cependant vous pleuriez.

VICTORINE.

Oui, je pleurais.

ANTOINE.

Il faut bien aimer quelqu'un pour s'alarmer si aisément.

VICTORINE.

Eh! mon papa! après vous, qui voulez-vous donc que j'aime le plus? Comment! c'est le fils de la maison; feu ma mère l'a nourri; c'est mon frère de lait, c'est le frère de ma jeune maîtresse, et vous-même l'aimez bien.

ANTOINE.

Je ne vous le défends pas, mais soyez raisonnable.

VICTORINE.

Ah! cela me faisait de la peine.

ANTOINE.

Allez, vous êtes folle.

VICTORINE.

Je le souhaite. Mais si vous alliez vous informer.

ANTOINE.

Et où dit-on que la querelle a commencé?

VICTORINE.

Dans un café.

ANTOINE.

Il n'y va jamais.

VICTORINE.

Peut-être, par hasard. Ah! si j'étais homme, j'irais.

SCÈNE II

ANTOINE, VICTORINE, UN DOMESTIQUE.

LE DOMESTIQUE.

Monsieur!

ANTOINE.

Que voulez-vous?

LE DOMESTIQUE.

C'est une lettre pour remettre à M. Vanderk.

ANTOINE.

Vous pouvez me la laisser.

LE DOMESTIQUE.

Il faut que je la remette moi-même; mon maître me l'a ordonné.

ANTOINE.

Monsieur n'est pas ici, et, quand il y serait, vous prenez bien mal votre temps : il est tard.

LE DOMESTIQUE.

Il n'est pas neuf heures.

ANTOINE.

Oui; mais c'est ce soir même les accords de sa fille. Si ce n'est qu'une lettre d'affaires, je suis son homme de confiance, et je...

LE DOMESTIQUE.

Il faut que je la remette en main propre.

ANTOINE.

En ce cas, passez au magasin, et attendez,
je vous ferai avertir.

SCÈNE III

ANTOINE, VICTORINE.

VICTORINE.

Monsieur n'est donc pas rentré?

ANTOINE.

Non. Il est retourné chez le notaire.

VICTORINE.

Madame m'envoie vous demander... Ah! je
voudrais que vous vissiez mademoiselle avec
ses habits de noces; on vient de les essayer.
Les diamants, le collier, la rivière de diamants! Ah! ils sont beaux! il y en a un gros
comme cela, et mademoiselle, ah! comme elle
est charmante! Le cher amoureux est en ex-
tase. Il est là, il la mange des yeux. On lui a
mis du rouge et une mouche. Vous ne la re-
connaîtriez pas.

ANTOINE.

Sitôt qu'elle a une mouche!

VICTORINE.

Madame m'a dit : « Va demander à ton père
si monsieur est revenu, et s'il n'est pas en
affaire, et si on peut lui parler. » Je vous dirai, mais vous n'en parlerez pas. Mademoiselle va se faire annoncer comme une dame
de condition sous un autre nom, et je suis
sûre que monsieur y sera trompé.

ANTOINE.

Certainement, un père ne reconnaîtra pas
sa fille.

VICTORINE.

Non, il ne la reconnaîtra pas, j'en suis sûre. Quand il arrivera, vous nous avertirez; il y aura de quoi rire. Cependant il n'a pas coutume de rentrer si tard.

ANTOINE.

Qui?

VICTORINE.

Son fils.

ANTOINE.

Tu y penses encore?

VICTORINE.

Je m'en vais; vous nous avertirez. Ah! voilà monsieur.

SCÈNE IV

M. VANDERK, ANTOINE, DEUX HOMMES *portant de l'argent dans des hottes.*

M. VANDERK, *aux porteurs.*

Allez à ma caisse, descendez trois marches, et montez-en cinq, au bout du corridor.

ANTOINE.

Je vais les y mener.

M. VANDERK.

Non, reste. Les notaires ne finissent point. *(Il pose son chapeau et son épée; il ouvre un secrétaire.)* Au reste, ils ont raison : nous ne voyons que le présent, et ils voient l'avenir. Mon fils est-il rentré?

ANTOINE.

Non, monsieur. Voici les rouleaux de vingt-cinq louis que j'ai pris à la caisse.

M. VANDERK.

Gardes-en un. Oh çà, mon pauvre Antoine, tu vas demain avoir bien de l'embarras.

ANTOINE.

N'en ayez pas plus que moi.

M. VANDERK.

J'en aurai ma part.

ANTOINE.

Pourquoi? Reposez-vous sur moi.

M. VANDERK.

Tu ne peux pas tout faire.

ANTOINE.

Je me charge   de tout. Imaginez-vous n'être
qu'invité. Vous aurez bien assez d'occupation
de recevoir votre monde.

M. VANDERK.

Tu auras un tas de domestiques étrangers;
c'est ce qui m'effraye, surtout ceux de ma
sœur.

ANTOINE.

Je le sais.

M. VANDERK.

Je ne veux pas de débauches.

ANTOINE.

Il n'y en aura pas.

M. VANDERK.

Que la table des commis soit servie comme
la mienne.

ANTOINE.

Oui, monsieur.

M. VANDERK.

J'irai y faire un tour.

ANTOINE.

Je le leur dirai.

M. VANDERK.

Je veux recevoir leur santé, et boire à la
leur.

ANTOINE.

Ils seront charmés.

M. VANDERK.

La table des domestiques, sans profusion du côté du vin.

ANTOINE.

Oui.

M. VANDERK.

Un demi-louis à chacun comme présent de noces.

ANTOINE.

Oui.

M. VANDERK.

Si tu n'as pas assez de ce que je t'ai donné, avance-le.

ANTOINE.

Oui.

M. VANDERK.

Je crois que voilà tout... Les magasins fermés... que personne n'y entre passé dix heures... Que quelqu'un reste dans les bureaux, et ferme la porte en dedans.

ANTOINE.

Ma fille y restera.

M. VANDERK.

Non; il faut que ta fille soit près de sa bonne amie. J'ai entendu parler de quelques fusées, de quelques pétards. Mon fils veut brûler ses manchettes.

ANTOINE.

C'est peu de chose.

M. VANDERK.

Aie toujours soin que les réservoirs soient pleins d'eau.

(Ici Victorine entre; elle parle à son père à l'oreille; il lui répond.)

ANTOINE, *à sa fille.*

Oui. (*Après qu'elle est partie.*) Monsieur, vous croyez-vous capable d'un grand secret?

M. VANDERK.

Encore quelques fusées, quelques violons!

ANTOINE.

C'est bien autre chose. Une demoiselle qui a pour vous la plus grande tendresse.

M. VANDERK.

Ma fille?

ANTOINE.

Juste. Elle vous demande un tête-à-tête.

M. VANDERK.

Sais-tu pourquoi?

ANTOINE.

Elle vient d'essayer ses diamants, sa robe de noce; on lui a mis un peu de rouge. Madame et elle pensent que vous ne la reconnaîtrez pas. La voici.

SCÈNE V

M. VANDERK; MADEMOISELLE SOPHIE VAN-DERK, *annoncée sous le nom de madame de Van-derville;* ANTOINE, UN DOMESTIQUE.

LE DOMESTIQUE, *riant.*

Monsieur, madame la marquise de Vander-ville.

M. VANDERK.

Faites entrer.

(*On ouvre et deux battants. De grandes révérences.*)

SOPHIE, *interdite.*

Mon... monsieur.

M. VANDERK.

Madame. Avancez un siége. (*Ils s'asseyent. A Antoine.*) Elle n'est pas mal. (*A Sophie.*) Puis-je savoir de madame ce qui me procure l'honneur de la voir?

SOPHIE, *tremblante.*

C'est que... mon... monsieur, j'ai... j'ai un papier à vous remettre.

M. VANDERK.

Si madame veut bien me le confier.
(*Pendant qu'elle cherche, il regarde Antoine.*)

ANTOINE.

Ah! monsieur, qu'elle est belle comme cela!

SOPHIE (1).

Le voici. (*Le père se lève pour prendre le papier.*) Ah! monsieur, pourquoi vous déranger. (*A part.*) Je suis tout interdite.

M. VANDERK.

Cela suffit. C'est trente louis. Ah! rien de mieux. Je vais... (*Pendant que M. Vanderk va à son secrétaire, Sophie fait signe à Antoine de ne rien dire.*) Ce billet est excellent; il vous est venu par la Hollande?

SOPHIE.

Non... oui.

M. VANDERK.

Vous avez raison, madame. Voici la somme.

SOPHIE.

Monsieur, je suis votre très-humble et très-obéissante servante.

M. VANDERK.

Madame ne compte pas?

_____

(1) On pourrait voir Victorine espionner.

SOPHIE.

Ah! mon cher... mon... monsieur, vous êtes un si honnête homme... que... la réputation... la renommée dont...

SCÈNE VI

LES PRÉCÉDENTS, MADAME VANDERK.

SOPHIE.

Ah! maman! papa s'est moqué de moi!

M. VANDERK.

Comment! c'est vous, ma fille?

SOPHIE.

Ah! vous m'aviez reconnue.

MADAME VANDERK.

Comment la trouvez-vous?

M. VANDERK.

Fort bien.

SOPHIE.

Vous ne m'avez seulement pas regardée. Je ne suis pas une voleuse, et voici votre argent, que vous donnez avec tant de confiance à la première personne.

M. VANDERK.

Garde-le, ma fille. Je ne veux pas que dans toute ta vie tu puisses te reprocher une fausseté, même en badinant. Ton billet, je le tiens pour bon. Garde les trente louis.

SOPHIE.

Ah! mon cher père!

M. VANDERK.

Vous aurez des présents à faire demain.

SCÈNE VII

LES PRÉCÉDENTS, LE GENDRE.

M. VANDERK.

Vous allez, monsieur, épouser une jolie personne. Se faire annoncer sous un faux nom, se servir d'un faux seing pour tromper son père : tout cela n'est qu'un badinage pour elle.

LE GENDRE.

Ah! monsieur, vous avez à punir deux coupables. Je suis complice, et voici la main qui a signé.

M. VANDERK, *prenant la main de sa fille et celle de son futur.*

Voilà comme je la punis.

LE GENDRE.

Comment récompensez-vous donc?

(La mère fait un signe à Sophie.)

SOPHIE, *au futur.*

Permettez-moi, monsieur, de vous prier...

LE GENDRE.

Commandez.

SOPHIE.

Devinez ce que je veux vous dire.

MADAME VANDERK, *à son mari.*

Votre fille est très-embarrassée.

M. VANDERK.

Quel est son embarras?

LE GENDRE.

Je voudrais bien vous deviner... Ah! c'est de vous laisser?

SOPHIE.

Oui.

MADAME VANDERK.

Votre fille nous quitte; elle veut vous demander...

M. VANDERK.

Ah! madame!

MADAME VANDERK.

Ma fille!

SOPHIE.

Ma mère! Ah! mon cher père! je...

(Faisant le mouvement pour se mettre à genoux, le père la retient.)

M. VANDERK.

Ma fille, épargne à ta mère et à moi l'attendrissement d'un pareil moment. Toutes nos actions ne tendent, jusqu'à présent, qu'à attirer sur toi et sur ton frère toutes les faveurs du ciel. Ne perds jamais de vue, ma fille, que la bonne conduite des père et mère est la bénédiction des enfants.

SOPHIE.

Ah! si jamais je l'oublie...

SCÈNE VIII

LES PRÉCÉDENTS, VANDERK FILS, *qui entre quelque temps après* VICTORINE.

VICTORINE.

Le voilà! le voilà!

MADAME VANDERK.

Qui? qui donc?

VICTORINE.

Monsieur votre fils.

MADAME VANDERK.

Je vous assure, Victorine, que plus vous avancez en âge et plus vous extravaguez.

VICTORINE.

Madame?

MADAME VANDERK.

Premièrement, vous entrez ici sans qu'on vous appelle.

VICTORINE.

Mais, madame...

MADAME VANDERK.

A-t-on coutume d'annoncer mon fils?

SOPHIE.

Ma bonne amie, vous êtes bien folle.

VICTORINE.

C'est que le voilà.

(*Le fils fait des révérences.*)

SOPHIE.

Ah! mon frère ne me reconnaît pas!

M. VANDERK FILS.

Eh! c'est ma sœur! Oh! elle est charmante!

MADAME VANDERK.

Tu la trouves donc bien?

M. VANDERK FILS.

Oui, ma mère.

SCÈNE IX

LES PRÉCÉDENTS, LE GENDRE.

LE GENDRE.

M'est-il permis d'approcher? (*A Sophie; ensuite au père.*) Les notaires sont arrivés.

(*Il veut donner le bras à Sophie, qui montre sa mère.*)

SOPHIE.

A ma mère.

(*Le gendre donne la main à la mère et sort.*)

SCÈNE X

M. VANDERK FILS, SOPHIE, VICTORINE.

SOPHIE.

Vous me trouvez donc bien?

M. VANDERK FILS.

Très-bien.

SOPHIE.

Et moi, mon frère, je trouve fort mal de ce
qu'un jour comme celui-ci vous êtes revenu
si tard. Demandez à Victorine.

M. VANDERK FILS.

Mais quelle heure donc?

SOPHIE, *lui donnant une montre.*

Tenez, regardez.

M. VANDERK FILS.

Il est vrai qu'il est un peu tard. Cette montre est jolie.   (*Il veut la rendre.*)

SOPHIE.

Non, mon frère, je veux que vous la gardiez
comme un reproche éternel de ce que vous
vous êtes fait attendre.

M. VANDERK FILS.

Et moi, je l'accepte de bon cœur. Puissé-je
à chaque fois que j'y regarderai me féliciter
de vous savoir heureuse.

(*Le gendre rentre; il prend la main de Sophie. Le frère regarde la montre, rêve et
soupire. Victorine le regarde.*)

SCÈNE XI

M. VANDERK FILS, VICTORINE.

VICTORINE.

Vous m'avez bien inquiétée. Une dispute
dans un café!

M. VANDERK FILS.

Est-ce que mon père sait cela?

VICTORINE.

Est-ce que cela est vrai?

M. VANDERK FILS.

Non, non, Victorine.

(Il entre dans le salon, et Victorine sort d'un autre côté.)

VICTORINE.

Ah! que cela m'inquiète!

~~~~~~~~~~~~~~~~

ACTE SECOND

—

SCÈNE PREMIÈRE

ANTOINE, LE DOMESTIQUE *qui a déjà paru*

ANTOINE.

Où diable étiez-vous donc?

LE DOMESTIQUE.

J'étais dans le magasin.

ANTOINE.

Qui vous y avait envoyé?

LE DOMESTIQUE.

Vous.

ANTOINE.

Et que faisiez-vous là?

LE DOMESTIQUE.

Je dormais.

ANTOINE.

Vous dormiez! Il faut qu'il y ait plus de deux heures.

LE DOMESTIQUE.

Je n'en sais rien; eh bien, votre maître est-il rentré?

ANTOINE.

Bon! on a soupé depuis.

LE DOMESTIQUE.

Enfin, puis-je lui remettre ma lettre?

ANTOINE.

Attendez.

SCÈNE II

ANTOINE, LE DOMESTIQUE, VANDERK FILS.

LE DOMESTIQUE.

N'est-ce pas là lui?

ANTOINE.

Non, non, restez; parbleu, vous êtes un drôle d'homme de rester dans ce magasin pendant trois heures.

LE DOMESTIQUE.

Ma foi, j'y aurais passé la nuit si la faim ne m'avait pas réveillé.

ANTOINE.

Venez, venez.

SCÈNE III

M. VANDERK FILS.

Quelle fatalité! je ne voulais pas sortir; il semblait que j'avais un pressentiment. Les commerçants... les commerçants... c'est l'état de mon père, et je ne souffrirai jamais qu'on l'avilisse... Ah! mon père! mon père! un jour de noce! je vois toutes ses inquiétudes, toute sa douleur, le désespoir de ma mère, ma sœur, cette pauvre Victorine, Antoine, toute une famille. Ah! dieux, que ne donnerais-je pas pour reculer d'un jour, d'un seul jour; reculer... (*Le père entre et le regarde.*) Non, certes, je ne reculerai pas. Ah! dieux! (*Il aperçoit son père, il prend un air gai.*)

SCÈNE IV

M. VANDERK père, M. VANDERK fils.

M. VANDERK PÈRE.

Eh mais, mon fils, quelle pétulance! quels mouvements! que signifie?

M. VANDERK FILS.

Je déclamais; je... je faisais le héros.

M. VANDERK PÈRE.

Vous ne représenteriez pas demain quelque pièce de théâtre, une tragédie?

M. VANDERK FILS.

Non, non, mon père.

M. VANDERK PÈRE.

Faites, si cela vous amuse; mais il faudrait quelques précautions; dites-le-moi; et, s'il ne faut pas que je le sache, je ne le saurai pas.

M. VANDERK FILS.

Je vous suis obligé, mon père; je vous le dirais.

M. VANDERK PÈRE.

Si vous me trompez, prenez-y garde: je ferai cabale.

M. VANDERK FILS.

Je ne crains pas cela; mais, mon père, on vient de lire le contrat de mariage de ma sœur; nous l'avons tous signé. Quel nom y avez-vous pris? et quel nom m'avez-vous fait prendre?

M. VANDERK PÈRE.

Le vôtre.

M. VANDERK FILS.

Le mien! est-ce que celui que je porte...?

M. VANDERK PÈRE.

Ce n'est qu'un surnom.

M. VANDERK FILS.

Vous vous êtes titré de chevalier, d'ancien baron de Savières, de Clavières, de...

M. VANDERK PÈRE.

Je le suis.

M. VANDERK FILS.

Vous êtes donc gentilhomme?

M. VANDERK PÈRE.

Oui.

M. VANDERK FILS.

Oui!

M. VANDERK PÈRE.

Vous doutez de ce que je dis?

M. VANDERK FILS.

Non, mon père; mais est-il possible?

M. VANDERK PÈRE.

Il n'est pas possible que je sois gentil-homme!

M. VANDERK FILS.

Je ne dis pas cela. Mais est-il possible, fussiez-vous le plus pauvre des nobles, que vous ayez pris un état?

M. VANDERK PÈRE.

Mon fils, lorsqu'un homme entre dans le monde, il est le jouet des circonstances.

M. VANDERK FILS.

En est-il d'assez fortes pour descendre du rang le plus distingué au rang...

M. VANDERK PÈRE.

Achevez : au rang le plus bas.

M. VANDERK FILS.

Je ne voulais pas dire cela.

M. VANDERK PÈRE.

Écoutez : le compte le plus rigide qu'un père doive à son fils, est celui de l'honneur qu'il a reçu de ses ancêtres : asseyez-vous. *(Le père s'assied ; le fils prend un siège, et s'assied ensuite.)* J'ai été élevé par votre bisaïeul ; mon père fut tué fort jeune à la tête de son régiment. Si vous étiez moins raisonnable, je ne vous confierais pas l'histoire de ma jeunesse, et la voici : Votre mère, fille d'un gentilhomme voisin, a été ma seule et unique passion. Dans l'âge où l'on ne choisit pas, j'ai eu le bonheur de bien choisir. Un jeune officier, venu en quartier d'hiver dans la province, trouva mauvais qu'un enfant de seize ans, c'était mon âge, attirât les attentions d'un autre enfant ; votre mère n'avait pas douze ans ; il me traita avec une hauteur... je ne le supportai pas ; nous nous battîmes.

M. VANDERK FILS.

Vous vous battîtes?

M. VANDERK PÈRE.

Oui, mon fils.

M. VANDERK FILS.

Au pistolet?

M. VANDERK PÈRE.

Non, à l'épée. Je fus forcé de quitter la province ; votre mère me jura une constance qu'elle a eue toute sa vie ; je m'embarquai. Un bon Hollandais, propriétaire du bâtiment sur lequel j'étais, me prit en affection. Nous fûmes attaqués, et je lui fus utile (c'est là où j'ai connu Antoine). Le bon Hollandais m'associa à son commerce; il m'offrit sa nièce et sa fortune. Je lui dis mes engagements; il m'approuve; il part; il obtient le consentement des parents de votre mère; il me l'amène avec sa nourrice : c'est cette bonne vieille qui est ici. Nous nous marions; le bon Hollandais mourut dans mes bras: je pris, à sa prière, et son nom et son commerce; le ciel a béni ma fortune; je ne peux pas être plus heureux, je suis estimé; voici votre sœur bien établie, votre beau-frère remplit avec honneur une des premières places dans la robe. Pour vous, mon fils, vous serez digne de moi et de vos aïeux; j'ai déjà remis dans notre famille tous les biens que la nécessité de servir le prince avait fait sortir des mains de nos ancêtres; ils seront à vous, ces biens, et si vous pensez que j'aie fait par le commerce une tache à leur nom, c'est à vous de l'effacer; mais dans un siècle aussi éclairé que celui-ci, ce qui peut donner la noblesse n'est pas capable de l'ôter.

M. VANDERK FILS.

Ah! mon père, je ne le pense pas; mais le préjugé est malheureusement si fort...

M. VANDERK PÈRE.

Un préjugé! un tel préjugé n'est rien aux yeux de la raison.

M. VANDERK FILS.

Cela n'empêche pas que le commerce ne soit considéré comme un état...

M. VANDERK PÈRE.

Quel état, mon fils, que celui d'un homme qui d'un trait de plume se fait obéir d'un bout de l'univers à l'autre! Son nom, son seing n'a pas besoin, comme la monnaie d'un souverain, que la valeur du métal serve de cau-

tion à l'empreinte, sa personne a tout fait; il
a signé, cela suffit.

M. VANDERK FILS.

J'en conviens, mais...

M. VANDERK PÈRE.

Ce n'est pas un temple, ce n'est pas une
seule nation qu'il sert; il les sert toutes et en
est servi : c'est l'homme de l'univers.

M. VANDERK FILS.

Cela peut être vrai; mais enfin en lui-même
qu'a-t-il de respectable?

M. VANDERK PÈRE.

De respectable! ce qui légitime dans un
gentilhomme les droits de la naissance, ce
qui fait la base de ses titres, la droiture,
l'honneur, la probité.

M. VANDERK FILS.

Votre conduite, mon père...

M. VANDERK PÈRE.

Quelques particuliers audacieux font armer
les rois, la guerre s'allume, tout s'embrase,
l'Europe est divisée; mais ce négociant an-
glais, hollandais, russe ou chinois, n'en est
pas moins l'ami de mon cœur; nous sommes
sur la superficie de la terre autant de fils de
soie qui lient ensemble les nations et les ra-
mènent à la paix par la nécessité du commerce; voilà, mon fils, ce que c'est qu'un
honnête négociant.

M. VANDERK FILS.

Et le gentilhomme donc, et le militaire?

M. VANDERK PÈRE.

Je ne connais que deux états au-dessus du
commerçant (en supposant encore qu'il y ait
quelque différence entre ceux qui font le

mieux qu'ils peuvent dans le rang où le ciel les a placés), je ne connais que deux états, le magistrat qui fait parler les lois et le guerrier qui défend la patrie.

M. VANDERK FILS.

Je suis donc gentilhomme!

M. VANDERK PÈRE.

Oui, mon fils; il est peu de bonnes maisons auxquelles vous ne teniez et qui ne tiennent à vous.

M. VANDERK FILS.

Pourquoi donc me l'avoir caché?

M. VANDERK PÈRE.

Par une prudence peut-être inutile; j'ai craint que l'orgueil d'un grand nom ne devînt le germe de vos vertus; j'ai désiré que vous les tinssiez de vous-même. Je vous ai épargné jusqu'à cet instant les réflexions que vous venez de faire, réflexions qui, dans un âge moins avancé, se seraient produites avec plus d'amertume.

M. VANDERK FILS.

Je ne crois pas que jamais...

M. VANDERK PÈRE.

Qu'est-ce?

SCÈNE V

M. VANDERK PÈRE, M. VANDERK FILS, *qui rêve*, ANTOINE, LE DOMESTIQUE.

ANTOINE.

Il y a, monsieur, plus de trois heures qu'il est là : c'est un domestique.

M. VANDERK PÈRE.

Pourquoi faire attendre? Pourquoi ne pas faire parler? Son temps peut être précieux; son maître peut avoir besoin de lui.

SEDAINE. 3

ANTOINE.

Je l'ai oublié, on a soupé, il s'est endormi.

LE DOMESTIQUE.

Je me suis endormi; ma foi, on est las... on est las... Où diable est-elle à présent? cette chienne de lettre me fera damner aujourd'hui.

M. VANDERK PÈRE.

Donnez-vous patience.

LE DOMESTIQUE.

Ah, la voilà! (*Il bâille; pendant que le père lit, le fils rêve.*)

M. VANDERK PÈRE.

Vous direz à votre maitre... Qu'est-il votre maitre?

LE DOMESTIQUE.

M. Desparville.

M. VANDERK PÈRE.

J'entends; mais quel est son état?

LE DOMESTIQUE.

Il n'y a pas longtemps que je suis à lui, mais il a servi.

M. VANDERK PÈRE.

Servi?

LE DOMESTIQUE.

Oui, c'est un officier distingué.

M. VANDERK PÈRE.

Dites à votre maitre, dites à M. Desparville que demain entre trois ou quatre heures après midi je l'attends ici.

LE DOMESTIQUE.

Oui.

M. VANDERK PÈRE.

Dites, je vous en prie, que je suis bien fâché de ne pouvoir lui donner une heure plus prompte, que je suis dans l'embarras.

LE DOMESTIQUE.

Je sais, je sais... La noce de... oui, oui.

ANTOINE, *au domestique qui tourne du côté
du magasin.*

Eh bien ! allez-vous encore dormir ?

SCÈNE VI

M. VANDERK père, M. VANDERK fils.

M. VANDERK FILS.

Mon père, je vous prie de pardonner à mes
réflexions.

M. VANDERK PÈRE.

Il vaut mieux les dire que les taire.

M. VANDERK FILS.

Peut-être avec trop de vivacité.

M. VANDERK PÈRE.

C'est de votre âge : vous allez voir ici une
femme qui a bien plus de vivacité que vous
sur cet article. Quiconque n'est pas militaire
n'est rien.

M. VANDERK FILS.

Qui donc ?

M. VANDERK PÈRE.

Votre tante, ma propre sœur ; elle devrait
être arrivée ; c'est en vain que je l'ai établie
honorablement : elle est veuve à présent et
sans enfants ; elle jouit de tous les revenus
des biens que je vous ai achetés, je l'ai com-
blée de tout ce que j'ai cru devoir satisfaire
ses vœux : cependant elle ne me pardonnera
jamais l'état que j'ai pris ; et lorsque mes
dons ne profanent pas ses mains, le nom de
frère profanerait ses lèvres : elle est cependant la meilleure de toutes les femmes ; mais
voilà comme un honneur de préjugé étouffe

les sentiments de la nature et de la reconnaissance.

M. VANDERK FILS.

Mais, mon père, à votre place, je ne lui par-
donnerais jamais.

M. VANDERK PÈRE.

Pourquoi? Elle est ainsi, mon fils; c'est une
faiblesse en elle, c'est de l'honneur malen-
tendu, mais c'est toujours de l'honneur.

M. VANDERK FILS.

Vous ne m'aviez jamais parlé de cette
tante.

M. VANDERK PÈRE.

Ce silence entrait dans mon système à votre
égard; elle vit dans le fond du Berri; elle n'y
soutient qu'avec trop de hauteur le nom de
nos ancêtres; et l'idée de noblesse est si forte
en elle, que je ne lui aurais pas persuadé de
venir au mariage de votre sœur, si je ne lui
avais écrit qu'elle épouse un homme de qua-
lité; encore a-t-elle mis des conditions singu-
lières.

M. VANDERK FILS.

Des conditions!

M. VANDERK PÈRE.

Mon cher frère, m'écrit-elle, j'irai; mais ne
serait-il pas mieux que je ne passasse que
pour une parente éloignée de votre femme,
pour une protectrice de la famille? Elle ap-
puie cela de tous les mauvais raisonnements
ui... J'entends une voiture.

M. VANDERK FILS.

Je vais voir.

SCÈNE VII

M. VANDERK PÈRE, MADAME VANDERK, M. VANDERK FILS, LE GENDRE, SOPHIE.

MADAME VANDERK.

Voici, je crois, ma belle-sœur.

M. VANDERK PÈRE.

Il faut voir.

SOPHIE.

Voici ma tante.

M. VANDERK PÈRE.

Restez ici, je vais au-devant d'elle.

LE GENDRE.

Vous accompagnerai-je?

M. VANDERK PÈRE.

Non, restez. Victorine, éclairez-moi. (*Victorine prend un flambeau, et passe devant.*)

SCÈNE VIII

MADAME VANDERK, M. VANDERK FILS, LE GENDRE, SOPHIE.

LE GENDRE.

Hé bien, mon cher frère, vous avez aujourd'hui un petit air sérieux?

M. VANDERK FILS.

Non, je vous assure.

LE GENDRE.

Pensez-vous que votre sœur ne sera pas heureuse avec moi?

M. VANDERK FILS.

Je ne doute pas qu'elle le soit.

SOPHIE, *à sa mère.*

L'appellerai-je ma tante?

MADAME VANDERK.

Gardez-vous-en bien, laissez-moi parler.

SCÈNE IX

LES PRÉCÉDENTS, M. VANDERK PÈRE, LA TANTE, UN LAQUAIS *en veste, une ceinture de soie, botté, un fouet sur l'épaule; cependant il porte la robe de la tante.*

LA TANTE.

Ah! j'ai les yeux éblouis, écartez ces flambeaux; point d'ordre sur les routes, je devrais être ici il y a deux heures : soyez de condition, n'en soyez pas, une duchesse, une financière, c'est égal; des chevaux terribles, mes femmes ont eu des peurs : laissez ma robe, vous. Ah! c'est madame Vanderk!

(Madame Vanderk avance, la salue, l'embrasse et met de la hauteur.)

MADAME VANDERK.

Madame, voici ma fille que j'ai l'honneur de vous présenter. *(La tante fait une révérence et n'embrasse pas.)*

LA TANTE, *à M. Vanderk père.*

Quel est ce monsieur noir, et ce jeune homme?

M. VANDERK PÈRE.

C'est mon gendre futur.

LA TANTE, *en regardant le fils.*

Il ne faut que des yeux pour juger qu'il est d'un sang noble.

M. VANDERK PÈRE.

Ne trouvez-vous pas qu'il a quelque chose du grand-père?

LA TANTE.

Quelque chose... oui, le front : il est sans doute avancé dans le service?

M. VANDERK PÈRE.

Non, il est trop jeune.

LA TANTE.

Il a sans doute un régiment?

M. VANDERK PÈRE.

Non.

LA TANTE.

Pourquoi donc?

M. VANDERK PÈRE.

Lorsque par ses services il aura mérité la faveur de la cour, je suis tout prêt.

LA TANTE.

Vous avez eu vos raisons; il est fort bien; votre fille l'aime sans doute?

M. VANDERK PÈRE.

Oui, ils s'aiment beaucoup.

LA TANTE.

Moi, je me serais peu embarrassée de cet amour-là, et j'aurais voulu que mon gendre eût eu un rang avant de lui donner ma fille.

M. VANDERK PÈRE.

Il est président.

LA TANTE.

Président! pourquoi porte-t-il l'épée?

M. VANDERK PÈRE.

Qui? voici mon gendre futur!

LA TANTE.

Cela! Monsieur est donc de robe?

LE GENDRE.

Oui, madame, et je m'en fais honneur

LA TANTE.

Monsieur, il y a dans la robe des personnes qui tiennent à ce qu'il y a de mieux.

LE GENDRE.

Et qui le sont, madame.

LA TANTE, *au père.*

Vous ne m'aviez pas écrit que c'était un homme de robe. (*Au gendre.*) Je vous fais, monsieur, mon compliment, je suis charmée de vous voir uni à une famille...

LE GENDRE.

Madame

LA TANTE.

A une famille à laquelle je prends le plus vif intérêt.

LE GENDRE.

Madame.

LA TANTE.

Mademoiselle a dans toute sa personne un air, une grâce, une modestie; elle sera dignement madame la présidente. Et ce jeune monsieur?   (*Regardant le fils.*)

M. VANDERK PÈRE.

C'est mon fils.

LA TANTE.

Votre fils! votre fils! vous ne me le dites pas... c'est mon neveu! Ah! il est charmant, il est charmant! embrassez-moi, mon cher enfant. Ah! vous avez raison, c'est tout le portrait de mon grand-père; il m'a saisie, ses yeux, son front, l'air noble Ah! mon frère! ah! monsieur! je veux l'emmener, je veux le faire connaître dans la province, je le présenterai. Ah! il est charmant!

MADAME VANDERK.

Madame, voulez-vous passer dans votre appartement?

M. VANDERK PÈRE.

On va vous servir.

LA TANTE.

Ah! mon lit, mon lit et un bouillon. Ah! il est charmant; je le retiens demain pour me donner la main. Bonsoir, mon cher neveu, bonsoir.

M. VANDERK FILS.

Ma chère tante, je vous souhaite...

SCÈNE X

M. VANDERK FILS, VICTORINE.

M. VANDERK FILS.

Ma chère tante est assez folle.

VICTORINE.

C'est madame votre tante?

M. VANDERK FILS.

Oui, sœur de mon père.

VICTORINE.

Ses domestiques font un train! elle en a quatre, cinq, sans compter les femmes; ils sont d'une arrogance! Madame la marquise par ci, madame la marquise par là; elle veut ci, elle veut ça; il semble que tout soit à elle.

M. VANDERK FILS.

Je m'en doute bien.

VICTORINE.

Vous ne la suivez pas, votre chère tante?

M. VANDERK FILS.

J'y vais. Bonsoir, Victorine.

VICTORINE.

Attendez donc.

M. VANDERK FILS.

Que veux-tu?

VICTORINE.

Voyons donc votre nouvelle montre.

M. VANDERK FILS.

Tu ne l'as pas vue?

VICTORINE.

Que je la voie encore! Ah! elle est belle! des diamants! à répétition! il est onze heures sept, huit, neuf, dix minutes, onze heures dix minutes. Demain à pareille heure... Voulez-vous que je vous dise tout ce que vous ferez demain?

M. VANDERK FILS.

Ce que je ferai?

VICTORINE.

Oui; vous vous lèverez à sept, disons à huit heures; vous descendrez à dix; vous donnerez la main à la mariée; on reviendra à deux heures; on dînera, on jouera; ensuite votre feu d'artifice, pourvu encore que vous ne soyez pas blessé.

M. VANDERK FILS.

Ah! si je le suis...

VICTORINE.

Il ne faut pas l'être.

M. VANDERK FILS.

Cela vaudrait mieux.

VICTORINE.

Je parie que voilà tout ce que vous ferez demain.

M. VANDERK FILS.

Tu serais bien étonnée si je ne faisais rien de tout cela.

VICTORINE.

Que ferez-vous donc?

M. VANDERK FILS.

Au reste, tu peux avoir raison.

VICTORINE.

C'est joli, une montre à répétition, lorsqu'on se réveille, on sonne l'heure : je crois
que je me réveillerais exprès.

M. VANDERK FILS.

Hé bien! je veux qu'elle passe la nuit dans
ta chambre, pour savoir si tu te réveilleras.

VICTORINE.

Non.

M. VANDERK FILS.

Je t'en prie.

VICTORINE.

Si on le savait, on se moquerait de moi.

M. VANDERK FILS.

Qui le dira? tu me la rendras demain au
matin.

VICTORINE.

Vous pouvez en être sûr; mais... vous?

M. VANDERK FILS.

N'ai-je pas ma pendule? et tu me la rendras?

VICTORINE.

Sans doute.

M. VANDERK FILS.

Qu'à moi?

VICTORINE.

A qui donc?

M. VANDERK FILS.

Qu'à moi.

VICTORINE.

Hé mais, sans doute.

M. VANDERK FILS.

Bonsoir, Victorine. Adieu. Bonsoir. Qu'à
moi... qu'à moi !

SCÈNE XI

VICTORINE.

Qu'à moi, qu'à moi ! que veut-il dire? Il a
quelque chose d'extraordinaire aujourd'hui :
ce n'est pas sa gaieté, son air franc; il rê-
vait... si c'était... non...

SCÈNE XII

ANTOINE, VICTORINE.

ANTOINE.

On vous appelle, on vous sonne depuis une
heure. Quatre ou cinq misérables laquais de
condition donnent plus de peine qu'une maison de quarante personnes. Nous verrons demain ; ce sera un beau bruit. Je n'oublie rien.
Non. (*Il souffle les bougies.*) Allons nous coucher.

SCÈNE XIII

ANTOINE, UN DOMESTIQUE.

LE DOMESTIQUE.

Monsieur Antoine, monsieur dit qu'avant de
vous coucher, vous montiez chez lui par le
petit escalier.

ANTOINE.

Oui, j'y vais.

LE DOMESTIQUE.

Bonsoir, monsieur Antoine.

ANTOINE.

Bonsoir, bonsoir.

ACTE TROISIÈME

——

M. VANDERK FILS, UN DOMESTIQUE.

(M. Vanderk fils entre en tâtonnant avec précaution; le domestique ouvre le volet fermé le soir par Antoine. M. Vanderk regarde partout. Le domestique est botté ainsi que son maître, qui tient deux pistolets.)

M. VANDERK FILS.

Hé bien! les clefs?

SON DOMESTIQUE.

J'ai cherché partout, sur la fenêtre, derrière la porte ; j'ai tâté le long de la barre de fer, je n'ai rien trouvé ; enfin j'ai réveillé le portier.

M. VANDERK FILS.

Hé bien?

SON DOMESTIQUE.

Il dit que M. Antoine les a.

M. VANDERK FILS.

Hé pourquoi Antoine a-t-il pris ces clefs?

SON DOMESTIQUE.

Je n'en sais rien.

M. VANDERK FILS.

A-t-il coutume de les prendre?

SON DOMESTIQUE.

Je ne l'ai pas demandé ; voulez-vous que j'y aille ?

M. VANDERK FILS.

Non... et nos chevaux?

SON DOMESTIQUE.

Ils sont dans la cour.

M. VANDERK FILS.

Tiens, mets ces pistolets à l'arçon, et n'y touche pas. As-tu entendu du bruit dans la maison?

SON DOMESTIQUE.

Non. Tout le monde dort; j'ai cependant vu de la lumière.

M. VANDERK FILS.

Où?

SON DOMESTIQUE.

Au troisième.

M. VANDERK FILS.

Au troisième?

SON DOMESTIQUE.

Ah! c'est dans la chambre de mademoiselle Victorine; mais c'est sa lampe.

M. VANDERK FILS.

Victorine... Va-t'en.

SON DOMESTIQUE.

Où irai-je?

M. VANDERK FILS.

Descends dans la cour, écoute, cache les chevaux sous la remise à gauche près du carrosse de ma mère; point de bruit surtout; il ne faut réveiller personne.

SCÈNE II

M. VANDERK FILS.

Pourquoi Antoine a-t-il pris ces clefs? Que vais-je faire? C'est de le réveiller. Je lui dirai... Je veux sortir... J'ai des emplettes... J'ai quelques affaires... Frappons. Antoine... Je n'entends rien... Antoine... Il va me faire cent questions. Vous sortez de bonne heure ? Quelle affaire avez-vous donc ? Vous sortez à cheval ; attendez le jour. Je ne veux pas attendre, moi. Donnez-moi les clefs. (*Il frappe.*) Antoine ?

ANTOINE, *en dedans.*

Qui est là ?

M. VANDERK FILS.

Il a répondu. Antoine ?

ANTOINE.

Qui peut frapper si matin ?

M. VANDERK FILS.

Moi.

ANTOINE.

Ah ! monsieur ! j'y vais.

M. VANDERK FILS.

Il se lève... Rien de moins extraordinaire ; j'ai affaire, moi, je sors. Je vais à deux pas ; quand j'irais plus loin. Mais vous êtes en bottes ? Mais ce cheval, ce domestique ? Hé bien, je vais à deux lieues d'ici ; mon père m'a dit de lui faire une commission. Comme l'esprit va chercher bien loin les raisons les plus simples ! Ah ! je ne sais pas mentir.

SCÈNE III

M. VANDERK FILS, ANTOINE, *son col à la main.*

ANTOINE.

Comment, monsieur, c'est vous ?

M. VANDERK FILS.

Oui, donne-moi vite les clefs de la porte cochère.

ANTOINE.

Les clefs?

M. VANDERK FILS.

Oui.

ANTOINE.

Les clefs? mais le portier doit les avoir.

M. VANDERK FILS.

Il dit que vous les avez.

ANTOINE.

Ah! c'est vrai; hier au soir, je ne m'en ressouvenais pas. Mais à propos, monsieur votre père les a.

M. VANDERK FILS.

Mon père! et pourquoi les a-t-il?

ANTOINE.

Demandez-lui, je n'en sais rien.

M. VANDERK FILS.

Il ne les a pas ordinairement.

ANTOINE.

Mais vous sortez de bonne heure?

M. VANDERK FILS.

Il faut qu'il ait eu quelques raisons pour prendre ces clefs.

ANTOINE.

Peut-être quelque domestique; ce mariage... Il a appréhendé de l'embarras, des fêtes... des aubades... Il veut se lever le premier; enfin, que sais-je?

M. VANDERK FILS.

Hé bien! mon pauvre Antoine, rends-moi le plus grand... rends-moi un petit service : entre tout doucement, je t'en prie, dans l'appartement de mon père; il aura mis les clefs sur quelque table, sur quelque chaise, apporte-les-moi. Prends garde de le réveiller, je

serais au désespoir d'avoir été la cause que
son sommeil eût été troublé.

ANTOINE.

Que n'y allez-vous?

M. VANDERK FILS.

S'il t'entend, tu lui donneras mieux une
raison que moi.

ANTOINE, *le doigt en l'air.*

J'y vais; ne sortez pas, ne sortez pas.

M. VANDERK FILS.

Où veux-tu que j'aille?

SCÈNE IV

M. VANDERK FILS.

J'aurais bien cru qu'il m'aurait fait plus de
questions; Antoine est un bon homme... Il se
sera bien imaginé... Ah! mon père! mon
père!... il dort... Il ne sait pas... Ce cabinet,
cette maison, tout ce qui m'entoure m'est
plus cher; quitter cela pour toujours, ou pour
longtemps, cela fait une peine qui... Ah! le
voilà. Ciel! c'est mon père!

SCÈNE V

M. VANDERK PÈRE, *en robe de chambre;*
M. VANDERK FILS.

M. VANDERK FILS.

Ah! mon père, que je suis fâché! c'est la
faute d'Antoine; je le lui avais dit; mais il
aura fait du bruit, il vous aura réveillé.

M. VANDERK PÈRE.

Non, je l'étais.

M. VANDERK FILS.

Vous l'étiez! Apparemment, mon père, que l'embarras d'aujourd'hui, et que...

M. VANDERK PÈRE.

Vous ne me dites pas bonjour.

M. VANDERK FILS.

Mon père, je vous demande pardon; je vous souhaite bien le bonjour.

M. VANDERK PÈRE.

Vous sortez de bonne heure?

M. VANDERK FILS.

Oui, je voulais...

M. VANDERK PÈRE.

Il y a des chevaux dans la cour.

M. VANDERK FILS.

C'est pour moi, c'est le mien et celui de mon domestique.

M. VANDERK PÈRE.

Et où allez-vous si matin?

M. VANDERK FILS.

Une fantaisie d'exercice; je voulais faire le tour du rempart; une idée... un caprice qui m'a pris tout d'un coup ce matin.

M. VANDERK PÈRE.

Dès hier vous aviez dit qu'on tînt vos chevaux prêts.

M. VANDERK FILS.

Non pas absolument.

M. VANDERK PÈRE.

Non, mon fils, vous avez quelque dessein.

M. VANDERK FILS.

Quel dessein voudriez vous que j'eusse?

M. VANDERK PÈRE.

Je vous le demande.

M. VANDERK FILS.

Croyez, mon père...

M. VANDERK PÈRE.

Mon fils, jusqu'à cet instant, je n'ai connu en vous ni détour ni mensonge; si ce que vous me dites est vrai, répétez-le-moi, et je vous croirai... Si ce sont quelques raisons, quelques folies de votre âge, de ces niaiseries qu'un père peut soupçonner, mais ne doit jamais savoir; quelque peine que cela me fasse, je n'exige pas une confidence dont nous rougirions l'un et l'autre; voici les clefs. sortez... (*Le fils tend la main, et les prend.*) Mais, mon fils, si cela pouvait intéresser votre repos et le mien, et celui de votre mère?

M. VANDERK FILS.

Ah! mon père!

M. VANDERK PÈRE.

Il n'est pas possible qu'il n'y ait rien de déshonorant dans ce que vous allez faire.

M. VANDERK FILS.

Ah! bien plutôt... ·

M. VANDERK PÈRE.

Achevez.

M. VANDERK FILS.

Que me demandez-vous? Ah! mon père! vous me l'avez dit hier : vous avez été insulté; vous étiez jeune, vous vous êtes battu; vous le feriez encore. Ah! que je suis malheureux! je sens que je vais faire le malheur de votre vie. Non... jamais... Quelle leçon!... vous pouvez m'en croire, si la fatalité...

M. VANDERK PÈRE.

Insulté... battu... le malheur de ma vie!

Mon fils, causons ensemble et ne voyez en moi qu'un ami.

M. VANDERK FILS.

S'il était possible que j'exigeasse de vous un serment... Promettez-moi que quelque chose que je vous dise, votre bonté ne me détournera pas de ce que je dois faire.

M. VANDERK PÈRE.

Si cela est juste.

M. VANDERK FILS.

Juste ou non.

M. VANDERK PÈRE.

Ou non.

M. VANDERK FILS.

Ne vous alarmez pas. Hier au soir, j'ai eu quelque altercation, une dispute avec un officier de cavalerie; nous sommes sortis, on nous a séparés... Parole aujourd'hui.

M. VANDERK PÈRE, en s'appuyant sur le dos d'une chaise.

Ah! mon fils!

M. VANDERK FILS.

Mon père, voilà ce que je craignais.

M. VANDERK PÈRE.

Puis-je savoir de vous un détail plus étendu de votre querelle et de ce qui l'a causée, enfin de tout ce qui s'est passé?

M. VANDERK FILS.

Ah! comme j'ai fait ce que j'ai pu pour éviter votre présence!

M. VANDERK PÈRE.

Vous fait-elle du chagrin?

M. VANDERK FILS.

Ah! jamais, jamais je n'ai eu tant besoin d'un ami, et surtout de vous.

M. VANDERK PÈRE.

Enfin, vous avez eu dispute.

M. VANDERK FILS.

L'histoire n'est pas longue : la pluie qui est survenue hier m'a forcé d'entrer dans un café ; je jouais une partie d'échecs ; j'entends à quelques pas de moi quelqu'un qui parlait avec chaleur ; il racontait je ne sais quoi de son père, d'un marchand, d'un escompte, des billets ; mais je suis certain d'avoir entendu très-distinctement : « Oui.. tous ces négociants, tous ces commerçants sont des fripons, sont des misérables. » Je me suis retourné, je l'ai regardé ; lui, sans nul égard, sans nulle attention, a répété le même discours. Je me suis levé, je lui ai dit à l'oreille qu'il n'y avait qu'un malhonnête homme qui pût tenir de pareils propos ; nous sommes sortis ; on nous a séparés.

M. VANDERK PÈRE.

Vous me permettrez de vous dire...

M. VANDERK FILS.

Ah ! je sais, mon père, tous les reproches que vous pouvez me faire ; cet officier pouvait être dans un instant d'humeur ; ce qu'il disait pouvait ne pas me regarder ; lorsqu'on dit tout le monde, on ne dit personne ; peut-être même ne faisait-il que raconter ce qu'on lui avait dit, et voilà mon chagrin, voilà mon tourment. Mon retour sur moi-même a fait mon supplice ; il faut que je cherche à égorger un homme qui peut n'avoir pas tort. Je crois cependant qu'il l'a dit, parce que j'étais présent.

M. VANDERK PÈRE.

Vous le désirez ; vous connaît-il ?

M. VANDERK FILS.

Je ne le connais pas.

M. VANDERK PÈRE.

Et vous cherchez querelle! Ah! mon fils,
pourquoi n'avez-vous pas pensé que vous aviez
un père? Je pense si souvent que j'ai un fils!

M. VANDERK FILS.

C'est parce que j'y pensais.

M. VANDERK PÈRE.

Eh! dans quelle incertitude, dans quelle
peine jetez-vous aujourd'hui votre mère et
moi!

M. VANDERK FILS.

J'y avais pourvu.

M. VANDERK PÈRE.

Comment?

M. VANDERK FILS.

J'avais laissé sur ma table une lettre adressée à vous; Victorine vous l'aurait donnée.

M. VANDERK PÈRE.

Est-ce que vous vous êtes confié à Victorine?

M. VANDERK FILS.

Non, mais elle devait rapporter quelque
chose sur ma table, et elle l'aurait vue.

M. VANDERK PÈRE.

Et quelles précautions aviez-vous prises
contre la juste rigueur des lois?

M. VANDERK FILS.

La juste rigueur!

M. VANDERK PÈRE.

Oui, elles sont justes ces lois... Un peuple...
je ne sais lequel... les Romains, je crois, ac-
cordaient des récompenses à qui conservait la
vie d'un citoyen. Quelle punition ne mérite
pas un Français qui médite d'en égorger un
autre, qui projette un assassinat?

M. VANDERK FILS.

Un assassinat!

M. VANDERK PÈRE.

Oui, mon fils, un assassinat! La confiance
que l'agresseur a dans ses propres forces fait
presque toujours sa témérité.

M. VANDERK FILS.

Et vous-même, mon père, lorsqu'autrefois...

M. VANDERK PÈRE.

Le ciel est juste, il m'en punit en vous.
Enfin, quelles précautions aviez-vous prises
contre la juste rigueur des lois?

M. VANDERK FILS.

La fuite.

M. VANDERK PÈRE.

Et quelle était votre marche, le lieu, l'instant?

M. VANDERK FILS.

Sur les trois heures après-midi, nous devions
nous rencontrer derrière les petits remparts.

M. VANDERK PÈRE.

Et pourquoi donc sortez-vous si tôt?

M. VANDERK FILS.

Pour ne pas manquer à ma parole; j'ai re-
douté l'embarras de cette noce, de ma tante
et de me trouver engagé de façon à ne pouvoir m'échapper. Ah! comme j'aurais voulu
retarder d'un jour!

M. VANDERK PÈRE.

Et d'ici à trois heures ne pourriez-vous
rester?

M. VANDERK FILS.

Ah! mon père! imaginez...

M. VANDERK PÈRE.

Vous aviez raison, mais cette raison ne subsiste plus. Faites rentrer vos chevaux, remontez chez vous. Je vais réfléchir aux moyens qui peuvent vous sauver et l'honneur et la vie.

M. VANDERK FILS.

Me sauver l'honneur!... Mon père, mon malheur mérite plus de pitié que d'indignation.

M. VANDERK PÈRE.

Je n'en ai aucune.

M. VANDERK FILS.

Prouvez-le-moi donc en me permettant de vous embrasser.

M. VANDERK PÈRE.

Non, monsieur, remontez chez vous.

M. VANDERK FILS.

Je... oui, mon père. (*Il se retire précipitamment.*)

SCÈNE VI

M. VANDERK PÈRE.

Infortuné! comme on doit peu compter sur le bonheur présent; je me suis couché le plus tranquille, le plus heureux des pères, et me voilà... Antoine... je ne puis avoir trop de confiance... Si son sang coulait pour son roi ou sa patrie; mais...

SCÈNE VII

M. VANDERK PÈRE, ANTOINE.

ANTOINE.

Que voulez-vous?

M. VANDERK PÈRE.

Ce que je veux! Ah! qu'il vive.

ANTOINE.

Monsieur.

M. VANDERK PÈRE.

Je ne t'ai pas entendu entrer.

ANTOINE.

Vous m'avez appelé.

M. VANDERK PÈRE.

Je t'ai appelé... Antoine, je connais ta discrétion, ton amitié pour moi et pour mon fils;
il sortait pour se battre.

ANTOINE.

Contre qui? Je vais...

M. VANDERK PÈRE.

Cela est inutile.

ANTOINE.

Tout le quartier va le défendre : je vais réveiller...

M. VANDERK PÈRE.

Non, ce n'est pas...

ANTOINE.

Vous me tueriez plutôt que de...

M. VANDERK PÈRE.

Tais-toi, il est ici : cours à son appartement,
dis-lui que je le prie de m'envoyer la lettre
dont il vient de me parler. Ne dis pas autre
chose; ne fais voir aucun intérêt sur ce qui
le regarde... Remarque... Va, qu'il te donne
cette lettre, et qu'il m'attende : je vais le
voir.

SCÈNE VIII

M. VANDERK PÈRE.

Fouler aux pieds la raison, la nature et les lois! Préjugé funeste! abus cruel du point d'honneur! tu ne pouvais avoir pris naissance que dans les temps les plus barbares : tu ne pouvais subsister qu'au milieu d'une nation vaine et pleine d'elle-même, qu'au milieu d'un peuple dont chaque particulier compte sa personne pour tout, et sa patrie et sa famille pour rien. Et vous, lois sages, vous avez désiré mettre un frein à l'honneur: vous avez ennobli l'échafaud; votre sévérité a servi à froisser le cœur d'un honnête homme entre l'infamie et le supplice. Ah! mon fils!

SCÈNE IX

M. VANDERK PÈRE, ANTOINE.

ANTOINE.

Monsieur, vous l'avez laissé partir?

M. VANDERK PÈRE.

Il est parti! ô ciel! arrêtez...

ANTOINE.

Ah! monsieur! il est déjà loin. Je traversais la cour; il a mis ses pistolets à l'arçon.

M. VANDERK PÈRE.

Ses pistolets!

ANTOINE.

Il m'a crié: Antoine, je te recommande mon père, et il a mis son cheval au galop.

M. VANDERK PÈRE.

Il est parti! (*Il rêve douloureusement; il reprend sa fermeté, et dit :*) Que rien ne transpire ici. Viens, suis-moi, je vais m'habiller.

ACTE QUATRIÈME

—

SCÈNE PREMIÈRE

VICTORINE.

Je le recherche partout : qu'est-il devenu?
Cela me passe. Il ne sera jamais prêt. Il n'est
pas habillé. Ah! que je suis fâchée de m'être
embarrassée de sa montre! Je l'ai vu toute la
nuit qui me disait : Qu'à moi, qu'à moi, qu'à
moi! Il est sorti de bien bonne heure, et à
cheval : mais si c'était cette dispute, et s'il
était vrai qu'il fût allé... Ah! j'ai un pressentiment : mais que risqué-je d'en parler? j'en
vais parler à Monsieur. Je parierais que c'est
ce domestique qui s'est endormi hier au soir;
il avait une mauvaise physionomie, il lui
aura donné un rendez-vous. Ah!

SCÈNE II

M. VANDERK père, VICTORINE.

VICTORINE.

Monsieur, on est bien inquiet. Madame la
marquise dit : Mon neveu est habillé? qu'on
l'avertisse. Est-il prêt? Pourquoi ne vient-il
pas?

M. VANDERK PÈRE.

Mon fils?

VICTORINE.

Oui, je l'ai demandé, je l'ai fait chercher :
je ne sais s'il est sorti, ou s'il n'est pas sorti;
mais je ne l'ai pas trouvé.

M. VANDERK PÈRE.

Il est sorti.

VICTORINE.

Vous savez donc, monsieur, qu'il est dehors!

M. VANDERK PÈRE.

Oui, je le sais. Voyez si tout le monde est prêt : pour moi, je le suis. Où est votre père?

VICTORINE, *fait un pas, et revient.*

Avez-vous vu, monsieur, hier, un domestique qui voulait parler à vous ou à monsieur votre fils?

M. VANDERK PÈRE.

Un domestique? c'était à moi : j'ai donné ma parole à son maître aujourd'hui; vous faites bien de m'en faire ressouvenir.

VICTORINE, *à part.*

Il faut que ce ne soit pas cela : tant mieux, puisque monsieur sait où il est.

M. VANDERK PÈRE.

Voyez donc où est votre père.

VICTORINE.

J'y cours.

SCÈNE III

M. VANDERK PÈRE.

Au milieu de la joie la plus légitime... Antoine ne vient point... Je voyais devant moi toutes les misères humaines... Je m'y tenais préparé. La mort même... Mais ceci... Eh! que dire?... Ah! ciel!...

SCÈNE IV

M. VANDERK PÈRE, LA TANTE.

M. VANDERK PÈRE.

Hé bien, ma sœur, puis-je enfin me livrer au plaisir de vous revoir?

LA TANTE.

Mon frère, je suis très en colère; vous gronderez après, si vous voulez.

M. VANDERK PÈRE.

J'ai tout lieu d'être fâché contre vous.

LA TANTE.

Et moi contre votre fils.

M. VANDERK PÈRE.

J'ai cru que les droits du sang n'admettaient point de ces ménagements, et qu'un frère...

LA TANTE.

Et moi, qu'une sœur comme moi mérite de certains égards.

M. VANDERK PÈRE.

Quoi! vous aurait-on manqué en quelque hose?

LA TANTE.

Oui, sans doute.

M. VANDERK PÈRE.

Qui?

LA TANTE.

Votre fils.

M. VANDERK PÈRE.

Mon fils? Et quand peut-il vous avoir désobligée?

LA TANTE.

A l'instant.

M. VANDERK PÈRE.

A l'instant!

LA TANTE.

Oui, mon frère, à l'instant; il est bien singulier que mon neveu, qui doit me donner la main aujourd'hui, ne soit pas ici, et qu'il sorte.

M. VANDERK PÈRE.

Il est sorti pour une affaire indispensable.

LA TANTE.

Indispensable, indispensable! votre sang-froid me tue : il faut me le trouver mort ou vif; c'est lui qui me donne la main.

M. VANDERK PÈRE.

Je compte vous la donner, s'il le faut.

LA TANTE.

Vous? Au reste je le veux bien, vous me ferez honneur. Oh! çà, mon frère, parlons raison : il n'y a point de choses que je n'aie imaginées pour mon neveu, quoiqu'il soit malhonnête à lui d'être sorti. Il y a près mon château, ou plutôt près du vôtre, et je vous en rends grâces, il y a un certain fief qui a été enlevé à la famille en 1573, mais il n'est pas rachetable.

M. VANDERK PÈRE.

Soit.

LA TANTE.

C'est un abus; mais c'est fâcheux.

M. VANDERK PÈRE.

Cela peut être; allons rejoindre...

LA TANTE.

Nous avons le temps. Il faut repeindre les vitraux de la chapelle; cela vous étonne?

M. VANDERK PÈRE.

Nous parlerons de cela.

LA TANTE.

C'est que les armoiries sont écartelées d'Aragon, et que le lambel...

M. VANDERK PÈRE.

Ma sœur, vous ne partez pas aujourd'hui?

LA TANTE.

Non, je vous assure.

M. VANDERK PÈRE.

Hé bien! nous en parlerons demain.

LA TANTE.

C'est que cette nuit j'ai arrangé pour votre fils, j'ai arrangé des choses étonnantes; il est aimable, il est aimable! Nous avons dans la province la plus riche héritière; c'est une Cramont-Ballière de la Tour d'Argor; vous savez ce que c'est : elle est même parente de votre femme; votre fils l'épouse, j'en fais mon affaire; vous ne paraîtrez pas, vous; je le propose, je le marie, il ira à l'armée, et moi je reste avec sa femme, avec ma nièce, et j'élève ses enfants.

M. VANDERK PÈRE.

Eh! ma sœur!

LA TANTE.

Ce sont les vôtres, mon frère.

M. VANDERK PÈRE.

Entrons dans le salon, sans doute on nous y attend.

SCÈNE V

LES PRÉCÉDENTS, ANTOINE.

M. VANDERK PÈRE, *à Antoine, qui entre.*

Antoine, reste ici!

LA TANTE, *en s'en allant.*

Je vois qu'il est heureux, mais très-heureux pour mon neveu que je sois venue ici. Vous, mon frère, vous avez perdu toute idée de noblesse, de grandeur; le commerce rétrécit l'âme, mon frère. Ce cher enfant! ce cher enfant! mais c'est que je l'aime de tout mon cœur.

SCÈNE VI

ANTOINE.

Oui, ma résolution est prise; comment! un misérable, un drôle...

SCÈNE VII

ANTOINE, VICTORINE.

ANTOINE.

Qu'est-ce que tu demandes?

VICTORINE.

J'entrais.

ANTOINE.

Je n'aime pas tout cela, toujours sur mes talons; c'est bien étonnant; la curiosité, la curiosité. Mademoiselle, voilà peut-être le dernier conseil que je vous donnerai de ma vie; mais la curiosité dans une fille ne peut que la tourner à mal.

VICTORINE.

Hé mais, je venais vous dire...

ANTOINE.

Va-t'en, va-t'en; écoute, sois sage et vis toujours honnêtement, et tu ne pourras manquer.

VICTORINE, *à part.*

Qu'est-ce que cela veut dire?

SCÈNE VIII

LES PRÉCÉDENTS, M. VANDERK PÈRE.

M. VANDERK PÈRE.

Sortez, Victorine, laissez-nous, et fermez la porte.

SCÈNE IX

M. VANDERK PÈRE, ANTOINE.

M. VANDERK PÈRE.

Avez-vous dit au chirurgien de ne pas s'éloigner?

ANTOINE.

Non.

M. VANDERK PÈRE.

Non!

ANTOINE.

Non, non...

M. VANDERK PÈRE.

Pourquoi?

ANTOINE.

Pourquoi? C'est que monsieur votre fils ne se battra pas.

M. VANDERK PÈRE.

Qu'est-ce que cela veut dire?

ANTOINE.

Monsieur, monsieur, un gentilhomme, un militaire, un diable, fût-ce un capitaine de vaisseau de roi, c'est ce qu'on voudra; mais il ne se battra pas, vous dis-je; ce ne peut être qu'un malhonnête homme, un assassin; il lui a cherché querelle, il croit le tuer, il ne le tuera pas.

M. VANDERK PÈRE.

Antoine!

SEDAINE. 9

ANTOINE.

Non, monsieur, il ne le tuera pas, j'y ai regardé... je sais par où il doit venir, je l'attendrai, je l'attaquerai, il m'attaquera; je le tuerai ou il me tuera; s'il me tue, il sera plus embarrassé que moi; si je le tue, monsieur, je vous recommande ma fille. Au reste, je n'ai pas besoin de vous la recommander.

M. VANDERK PÈRE.

Antoine, ce que vous dites est inutile, et jamais...

ANTOINE.

Vos pistolets, vos pistolets; vous m'avez vu, vous m'avez vu sur ce vaisseau, il y a longtemps. Qu'importe? en fait de valeur, il ne faut qu'être homme, et des armes.

M. VANDERK PÈRE.

Hé mais, Antoine?

ANTOINE.

Monsieur! ah! mon cher maître! un jeune homme d'une aussi belle espérance; ma fille me l'avait dit, et l'embarras d'aujourd'hui, et la noce, et tout ce monde; à l'instant même... les clefs du magasin! je les emportais. (*Il remet les clefs sur une table.*) Ah! j'en deviendrai fou! ah! dieux!

M. VANDERK PÈRE.

Il me brise le cœur : écoutez-moi; je vous dis de m'écouter.

ANTOINE.

Monsieur.

M. VANDERK PÈRE.

Croyez-vous que je n'aime pas mon fils plus que vous ne l'aimez?

ANTOINE.

Et c'est à cause de cela, vous en mourrez.

M. VANDERK PÈRE.

Non.

ANTOINE.

Ah! ciel!

M. VANDERK PÈRE.

Antoine, vous manquez de raison, je ne vous conçois pas aujourd'hui : écoutez-moi.

ANTOINE.

Monsieur.

M. VANDERK PÈRE.

Ecoutez-moi, vous dis-je, rappelez toute votre présence d'esprit, j'en ai besoin ; écoutez avec attention ce que je vais vous confier. On peut venir à l'instant, et je ne pourrai plus vous parler... Crois-tu, mon pauvre Antoine ; crois-tu, mon vieux camarade, que je sois insensible? N'est-ce pas mon fils? n'est-ce pas lui qui fonde dans l'avenir tout le bonheur de ma vieillesse? Et ma femme!... Ah! quel chagrin! sa santé faible... mais c'est sans remède ; le préjugé qui afflige notre nation rend son malheur inévitable.

ANTOINE.

Eh! ne pouviez-vous accommoder cette affaire?

M. VANDERK PÈRE.

L'accommoder! tu ne connais pas toutes les entraves de l'honneur : où trouver son adversaire? où le rencontrer à présent? Est-ce sur le champ de bataille que de pareilles affaires s'accommodent? Hé! n'est-il pas contre les mœurs et contre les lois que je paraisse en être instruit...? Et si mon fils eût hésité, s'il eût molli, si cette cruelle affaire s'était accommodée, combien s'en préparait-il dans l'avenir? Il n'est point de demi-brave, il n'est point de petit homme qui ne cherchât à le tâter · il lui faudrait dix affaires heureuses pour faire oublier celle-ci. Elle est affreuse dans tous ses points, car il a tort.

ANTOINE.

Il a tort!

M. VANDERK PÈRE.

Une étourderie!

ANTOINE.

Une étourderie !

M. VANDERK PÈRE.

Oui. Mais ne perdons pas le temps en vaines discussions, Antoine.

ANTOINE.

Monsieur!

M. VANDERK PÈRE.

Exécutez de point en point ce que je vais vous dire.

ANTOINE.

Oui, monsieur.

M. VANDERK PÈRE.

Ne passez mes ordres en aucune manière, songez qu'il y va de l'honneur de mon fils et du mien; c'est vous dire tout.

ANTOINE.

Ah, ciel !

M. VANDERK PÈRE.

Je ne peux me confier qu'à vous, et je me fie à votre âge. à votre expérience, et je peux dire à votre amitié. Rendez-vous au lieu où ils doivent se rencontrer; déguisez-vous de façon à n'être pas reconnu; tenez-vous-en le plus loin que vous pourrez; ne soyez, s'il est possible, reconnu en aucune manière. Si mon fils a le bonheur cruel de tuer son adversaire, montrez-vous alors; il sera agité, il sera égaré, verra mal; voyez pour lui, portez sur lui toute votre attention; veillez à sa fuite, donnez-lui votre cheval, faites ce qu'il vous dira, faites ce que la prudence vous conseillera. Lui parti, portez sur-le-champ tous vos soins à son rival, s'il respire encore, emparez-vous de ses derniers moments, donnez-lui tous les secours qu'exige l'humanité, expiez autant qu'il est en vous le crime auquel je participe, puisque... puisque... cruel honneur!... Mais, Antoine, si le ciel me punit autant que je dois l'être, s'il dispose de mon fils; je suis père, et je crains mes premiers mouvements; je suis père, et cette fête, cette noce... ma femme... ma santé... moi-même... alors tu accourras; mon fils a son domestique, tu accourras; mais comme ta présence m'en dirait trop, aie cette attention, écoute-bien, aie-la pour moi, je t'en supplie; tu frapperas trois coups à la porte de la basse-cour, trois coups distinctement, et tu te rendras ici, ici dedans, dans ce cabinet; tu ne parleras à personne, mes chevaux seront mis, nous y courrons.

ANTOINE.

Mais, monsieur...

M. VANDERK PÈRE.

Voici quelqu'un; eh! c'est sa mère!

SCÈNE X

M. VANDERK PÈRE, MADAME VANDERK
ANTOINE.

MADAME VAND. RK.

Ah! mon cher ami, tout le monde est prêt; voici vos gants, Antoine. Hé, comme te voilà fait? Tu aurais dû te mettre en noir, te faire beau le jour du mariage de ma fille. Je ne te pardonne pas cela.

ANTOINE.

C'est que... madame... Je vais en affaire.
Oui, oui... madame.

M. VANDERK PÈRE.

Allez, allez, Antoine, faites ce que je vous
ai dit.

ANTOINE.

Oui, monsieur.

MADAME VANDERK.

Antoine!

ANTOINE.

Madame?

MADAME VANDERK.

Si tu trouves mon fils, ah! je t'en prie,
dis-lui qu'il ne tarde point.

M. VANDERK PÈRE.

Allez, Antoine, allez.
  *(Antoine et M. Vanderk se regardent.
  Antoine sort.)*

SCÈNE XI

M. VANDERK PÈRE, MADAME VANDERK.

MADAME VANDERK.

Antoine a l'air bien effarouché.

M. VANDERK PÈRE.

Tout cela l'échauffe et le dérange.

MADAME VANDERK.

Ah! mon ami, faites-moi compliment; il y
a plus de deux ans que je ne me suis si bien
portée... Ma fille... mon gendre, toute cette
famille est si respectable, si honnête! la
bonne robe est sage comme les lois! Mais,
mon ami, j'ai un reproche à vous faire, et
votre sœur a raison; vous donnez aujourd'hui
de l'occupation à votre fils, vous l'envoyez je

ne sais en quel endroit; au reste, vous le savez; il faut cependant que ce soit très-loin, car je suis sûre qu'il ne s'est point amusé; lorsqu'il va revenir, il ne pourra nous rejoindre. Victorine a dit à ma fille qu'il n'était pas habillé, et qu'il était monté à cheval.

M. VANDERK PÈRE, *lui prenant la main affectueusement.*

Laissez-moi respirer, et permettez-moi de ne penser qu'à votre satisfaction; votre santé me fait le plus grand plaisir; nous avons tellement besoin de nos forces, l'adversité est si près de nous. La plus grande félicité est si peu stable, si peu... Ne faisons point attendre, on doit nous trouver de moins dans la compagnie. La voici.

SCÈNE XII

LES PRÉCÉDENTS, SOPHIE, LE GENDRE, LA TANTE *et un groupe de compagnie de femmes et d'hommes, plus d'hommes de robe que d'autres.*

M. VANDERK PÈRE.

Allons, belle jeunesse. Madame, nous avons été ainsi. Puissiez-vous, mes enfants, voir un pareil jour (*à part*) et plus beau que celui-ci!

ACTE CINQUIÈME

SCÈNE PREMIÈRE

VICTORINE, *se tournant vers la coulisse d'où elle sort.*

Monsieur Antoine, monsieur Antoine, monsieur Antoine! Le maître d'hôtel, les gens.

les commis, tout le monde demande M. Antoine. Il faut que j'aie la peine de tout. Mon
père est bien étonnant, je le cherche partout,
je ne le trouve nulle part. Jamais ici il n'y a
eu tant de monde..... Hé quoi!... hein?...
Antoine, Antoine! Hé bien, qu'ils appellent,
Cette cérémonie que je croyais si gaie, grands
dieux! comme elle triste! Mais lui, ne pas se
trouver au mariage de sa sœur, et d'un
autre côté..... aussi mon père, avec ses raisons : « Sois sage, sois sage, et tu ne pourras
manquer... » Où est-il allé? Je...

SCÈNE II

M. DESPARVILLE père, VICTORINE.

M. DESPARVILLE PÈRE.

Mademoiselle, puis-je entrer?

VICTORINE.

Monsieur, vous êtes sans doute de la noce.
Entrez dans le salon.

M. DESPARVILLE PÈRE.

Je n'en suis pas, mademoiselle, je n'en suis
pas.

VICTORINE.

Ah! monsieur, si vous n'en êtes pas, pour
quelle raison?...

M. DESPARVILLE PÈRE.

Je viens pour parler à M. Vanderk.

VICTORINE.

Lequel?

M. DESPARVILLE PÈRE.

Mais le négociant. Est-ce qu'il y a deux
négociants de ce nom-là? C'est celui qui de-
meure ici.

VICTORINE.

Ah! monsieur, quel embarras! je vous
assure que je ne sais comment monsieur
pourra vous parler au milieu de tout ceci, et
même on serait à table, si on n'attendait pas
quelqu'un qui se fait bien attendre.

M. DESPARVILLE PÈRE.

Mademoiselle, M. Vanderk m'a donné parole
ici aujourd'hui à cette heure.

VICTORINE.

Il ne savait donc pas l'embarras...

M. DESPARVILLE PÈRE.

Il ne savait pas, il ne savait pas; c'est hier
au soir qu'il me l'a fait dire.

VICTORINE.

J'y vais donc. Si je peux l'aborder, car il
répond à l'un, il répond à l'autre. Je dirai...
Qu'est-ce que je dirai?

M. DESPARVILLE PÈRE.

Dites que c'est quelqu'un qui voudrait lui
parler, que c'est quelqu'un à qui il a donné
parole à cette heure-ci, sur une lettre qu'il en
a reçue. Ajoutez que... Non... dites-lui seulement cela.

VICTORINE.

J'y vais... quelqu'un!... Mais, monsieur,
permettez-moi de vous demander votre nom.

M. DESPARVILLE PÈRE.

Il le sait bien peu. Dites, au reste, que
c'est M. Desparville; que c'est le maître d'un
domestique...

VICTORINE.

Ah! je sais, un homme qui avait un vi-
sage... qui avait un air... Hier au soir, j'y
vais, j'y vais.

SCÈNE III

M. DESPARVILLE PÈRE.

Que de raisons; parbleu, ces choses-là sont
bien faites pour moi. Il faut que cet homme
marie justement sa fille aujourd'hui, le jour,
le même jour que j'ai à lui parler, c'est fait
exprès. Oui, c'est fait exprès pour moi, ces
choses-là n'arrivent qu'à moi. Peste soit des
enfants! Je ne veux plus m'embarrasser de
rien. Je vais me retirer dans ma province.
Mais mon père, mon père... mais mon fils, va
te promener, j'ai fait mon temps, fais le tien.
Ah! c'est apparemment notre homme. Encore
un refus que je vais essuyer.

SCÈNE IV

M. VANDERK PÈRE, M. DESPARVILLE PÈRE.

M. DESPARVILLE PÈRE.

Monsieur, monsieur, je suis fâché de vous
déranger. Je sais tout ce qui vous arrive.
Vous mariez votre fille ? Vous êtes à l'instant
en compagnie; mais un mot, un seul mot.

M. VANDERK PÈRE.

Et moi, monsieur, je suis fâché de ne pas
vous avoir donné une heure plus prompte.
On vous a peut-être fait attendre. J'avais dit
à quatre heures, et il est trois heures seize
minutes. Monsieur, asseyez-vous.

M. DESPARVILLE PÈRE.

Non, parlons debout, j'aurai bientôt dit.
Monsieur, je crois que le diable est après
moi. J'ai depuis quelques jours besoin d'argent, et encore plus depuis hier pour la circonstance la plus pressante, et que je ne
peux pas dire. J'ai une lettre de change,

bonne, excellente; c'est, comme disent vos marchands, c'est de l'or en barre; mais elle sera payée, quand? quand? Je n'en sais rien; ils ont des usages, des usances, des termes que je ne comprends pas. J'ai été chez plusieurs de vos confrères, mais tous ceux que j'ai vus jusqu'à présent sont des arabes, des juifs; pardonnez-moi le terme, oui, des juifs. Ils m'ont demandé des remises considérables, parce qu'ils voient que j'en ai besoin. D'autres m'ont refusé tout net. Mais que je ne vous retarde point. Pouvez-vous m'avancer le payement de ma lettre de change, ou ne le pouvez-vous pas?

M. VANDERK PÈRE.

Puis-je la voir?

M. DESPARVILLE PÈRE.

La voilà... (*Pendant que M. Vanderk lit.*) Je payerai tout ce qu'il faudra. Je sais qu'il y a des droits. Faut-il le quart? faut-il... J'ai besoin d'argent.

M. VANDERK PÈRE, *sonne.*

Monsieur, je vais vous la faire payer.

M. DESPARVILLE PÈRE.

A l'instant?

M. VANDERK PÈRE.

Oui, monsieur.

M. DESPARVILLE PÈRE.

A l'instant! prenez, prenez, monsieur. Ah! quel service vous me rendez! Prenez, prenez, monsieur.

M. VANDERK PÈRE, *au domestique qui entre.*

Allez à ma caisse, apportez le montant de cette lettre, deux mille quatre cents livres.

M. DESPARVILLE PÈRE.

Monsieur, au service que vous me rendez, pouvez-vous ajouter celui de me faire donner de l'or ?

M. VANDERK PÈRE.

Volontiers, monsieur. (*Au domestique.*) Apportez la somme en or.

M. DESPARVILLE PÈRE, *au domestique qui sort.*

Faites retenir, monsieur, l'escompte, l'àcompte

M. VANDERK PÈRE.

Non, monsieur, je ne prends point d'escompte, ce n'est point mon commerce; et je vous l'avoue avec plaisir, ce service ne me coûte rien. Votre lettre vient de Cadix, elle est pour moi une rescription; elle devient pour moi de l'argent comptant.

M. DESPARVILLE PÈRE.

Monsieur, monsieur, voilà de l'honnêteté, voilà de l'honnêteté : vous ne savez pas toute l'obligation que je vous dois, toute l'étendue du service que vous me rendez.

M. VANDERK PÈRE.

Je souhaite qu'il soit considérable.

M. DESPARVILLE PÈRE.

Ah! monsieur, monsieur, que vous êtes heureux! Vous n'avez qu'une fille, vous?

M. VANDERK PÈRE.

J'espère que j'ai un fils.

M. DESPARVILLE PÈRE.

Un fils ! mais il est apparemment dans le commerce, dans un état tranquille; mais le mien, le mien est dans le service; à l'instant que je vous parle, n'est-il pas occupé à se battre!

M. VANDERK PÈRE.

A se battre?

M. DESPARVILLE PÈRE.

Oui, monsieur, à se battre... Un autre jeune homme dans un café, un petit étourdi, lui a cherché querelle, je ne sais pourquoi, je ne sais comment; il ne le sait pas lui-même.

M. VANDERK PÈRE.

Que je vous plains! et qu'il est à craindre...

M. DESPARVILLE PÈRE.

A craindre! je ne crains rien : mon fils est brave, il tient de moi, et adroit, adroit : à vingt pas il couperait une balle en deux sur une lame de couteau; mais il faut qu'il s'enfuie, c'est le diable : vous entendez bien, vous entendez bien : je me fie à vous, vous m'avez gagné l'âme.

M. VANDERK PÈRE.

Monsieur, je suis flatté de votre... (*On frappe à la porte un coup.*) Je suis flatté de ce que...

(*Un second coup.*)

M. DESPARVILLE PÈRE.

Ce n'est rien, c'est qu'on frappe chez vous. (*Un troisième coup. M. Vanderk père tombe sur un siége.*) Monsieur, vous ne vous trouvez pas indisposé?

M. VANDERK PÈRE.

Ah! monsieur, tous les pères ne sont pas malheureux. (*Le domestique entre avec des rouleaux de louis.*) Voilà votre somme! partez, monsieur, vous n'avez pas de temps à perdre.

M. DESPARVILLE PÈRE.

Que vous m'obligez!

M. VANDERK PÈRE.

Permettez-moi de ne pas vous reconduire.

M. DESPARVILLE PÈRE.

Ah ! vous avez affaire ! Ah ! le brave homme ! ah ! l'honnête homme ! Monsieur, mon sang est à vous ; restez, restez, restez, je vous en prie.

SCÈNE V

M. VANDERK PÈRE.

Mon fils est mort... je l'ai vu là... et je ne l'ai pas embrassé... Que de peine sa naissance me préparait ! Que de chagrin sa mère...

SCÈNE VI

M. VANDERK PÈRE, ANTOINE.

M. VANDERK PÈRE.

Hé bien !

ANTOINE.

Ah ! mon maître ! tous deux ; j'étais très-loin, mais j'ai vu, j'ai vu... Ah ! monsieur !

M. VANDERK PÈRE.

Mon fils ?

ANTOINE.

Oui, ils se sont approchés à bride abattue. L'officier a tiré, votre fils ensuite. L'officier est tombé d'abord ; il est tombé le premier. Après cela, monsieur... Ah ! mon cher maître ! les chevaux se sont séparés... je suis accouru... je... je...

M. VANDERK PÈRE.

Voyez ! mes chevaux sont mis ; faites approcher par la porte de derrière : courons-y ; peut-être n'est-il que blessé.

ANTOINE.

Mort, mort ! j'ai vu sauter son chapeau : mort !

SCÈNE VII
LES PRÉCÉDENTS, VICTORINE.

VICTORINE.

Mort! Ah! qui donc? qui donc?

M. VANDERK PÈRE.

Que demandez-vous?

ANTOINE.

Qu'est-ce que tu demandes? sors d'ici tout
à l'heure.

M. VANDERK PÈRE.

Laissez-la. Allez, Antoine, faites ce que je
vous dis.

SCÈNE VIII

M. VANDERK PÈRE, VICTORINE, ANTOINE,
dans l'appartement.

M. VANDERK PÈRE.

Que voulez-vous, Victorine?

VICTORINE.

Je venais demander si on doit faire servir,
et j'ai rencontré un monsieur qui m'a dit que
vous vous trouviez mal.

M. VANDERK PÈRE.

Non, je ne me trouve pas mal. Où est la
compagnie?

VICTORINE.

On va servir.

M. VANDERK PÈRE.

Tâchez de parler à madame en particulier;
vous lui direz que je suis à l'instant forcé de
sortir, que je la prie de ne pas s'inquiéter;
mais qu'elle fasse en sorte qu'on ne s'aper-

çoive pas de mon absence; je serai peut-être...
Mais vous pleurez, Victorine?

VICTORINE.

Mort! Hé, qui donc? Monsieur votre fils?

M. VANDERK PÈRE.

Victorine!

VICTORINE.

J'y vais, monsieur; non, je ne pleurerai pas,
je ne pleurerai pas.

M. VANDERK PÈRE.

Non, restez, je vous l'ordonne, vos pleurs
vous trahiraient; je vous défends de sortir
d'ici que je ne sois rentré.

VICTORINE, *apercevant M. Vanderk fils.*

Ah! monsieur!

M. VANDERK PÈRE.

Mon fils!

SCÈNE IX

LES PRÉCÉDENTS, M. VANDERK FILS, M. DES-
PARVILLE PÈRE, M. DESPARVILLE FILS.

M. VANDERK FILS.

Mon père!

M. VANDERK PÈRE.

Mon fils!... je t'embrasse... je te revois sans
doute honnête homme?

M. DESPARVILLE PÈRE.

Oui, morbleu! il l'est.

M. VANDERK FILS.

Je vous présente messieurs Desparville.

M. VANDERK PÈRE.

Messieurs.

M. DESPARVILLE PÈRE.

Monsieur, je vous présente mon fils...
N'était-ce pas mon fils, lui justement qui était
son adversaire?

M. VANDERK PÈRE.

Comment! est-il possible que cette affaire...

M. DESPARVILLE PÈRE.

Bien, bien, morbleu! bien. Je vais vous
raconter.

M. DESPARVILLE FILS.

Mon père, permettez-moi de parler.

M. VANDERK FILS.

Qu'allez-vous dire?

M. DESPARVILLE FILS.

Souffrez de moi cette vengeance.

M. VANDERK FILS.

Vengez-vous donc.

M. DESPARVILLE FILS.

Le récit serait trop court si vous le faisiez,
monsieur, et à présent votre honneur est le
mien... Il me paraît, monsieur, que vous étiez
aussi instruit que mon père l'était. Mais voici
ce que vous ne saviez pas. Nous nous sommes
rencontrés, j'ai couru sur lui, j'ai tiré; il a
foncé sur moi, il m'a dit : Je tire en l'air. Il
l'a fait. Ecoutez, m'a-t-il dit en me serrant la
botte, j'ai cru hier que vous insultiez mon
père en parlant des négociants. Je vous ai
insulté, j'ai senti que j'avais tort, je vous en
fais mes excuses. N'êtes-vous pas content?
éloignez-vous et recommençons. Je ne peux,
monsieur, vous exprimer ce qui s'est passé
en moi; je me suis précipité de mon cheval,
il en a fait autant, et nous nous sommes
embrassés. J'ai rencontré mon père, lui à qui
pendant ce temps-là, lui à qui vous rendiez
service. Ah! monsieur!

M. DESPARVILLE PÈRE.

Hé! vous le saviez, morbleu! et je parie que ces trois coups frappés à la porte... Quel homme êtes-vous? Et vous m'obligiez pendant ce temps-là! Moi, je suis ferme, je suis honnête; mais en pareille occasion, à votre place, j'aurais envoyé le baron Desparville à tous les diables.

M. VANDERK PÈRE.

Ah! messieurs, qu'il est difficile de passer d'un grand chagrin à une grande joie. Messieurs, j'entends du bruit. Nous allons nous mettre à table, faites-moi l'honneur d'être du dîner. Que rien ne transpire ici, cela troublerait la fête. (*A M. Desparville fils.*) Après ce qui s'est passé, monsieur, vous ne pouvez être que le plus grand ennemi ou le plus grand ami de mon fils, et vous n'avez pas la liberté du choix.

M. DESPARVILLE FILS.

Ah! monsieur! (*En baisant la main de M. Vanderk père.*)

M. DESPARVILLE PÈRE.

Mon fils, ce que vous faites là est bien.

VICTORINE, *à M. Vanderk fils.*

« Qu'à moi, qu'à moi. » Ah! cruel!

M. VANDERK FILS, *à Victorine.*

Que je suis aise de te revoir!

M. VANDERK PÈRE.

Victorine, taisez-vous.

SCÈNE X

LES PRÉCÉDENTS, MADAME VANDERK, SOPHIE, LE GENDRE.

MADAME VANDERK.

Ah! te voilà, mon fils! Mon cher ami, peut-on faire servir? il est tard.

M. VANDERK PÈRE.

Ces messieurs veulent bien rester. (*A MM. Desparville.*) Voici, messieurs, ma femme, mon gendre et ma fille que je vous présente.

M. DESPARVILLE PÈRE.

Quel bonheur mérite une telle famille ?

SCÈNE XI

LES PRÉCÉDENTS, LA TANTE.

LA TANTE.

On dit que mon neveu est arrivé. Eh! te voilà, mon cher enfant! Je n'ai eu qu'un cri après toi. Je t'ai demandé, je t'ai désiré. Ah! ton père est singulier, mais très-singulier, te donner une commission le jour du mariage de ta sœur!

M. VANDERK PÈRE.

Madame, vous demandiez des militaires, en voici. Aidez-moi à les retenir.

LA TANTE.

Eh! c'est le vieux baron Desparville!

M DESPARVILLE PÈRE.

Eh! c'est vous, madame la marquise! Je vous croyais en Berri.

LA TANTE.

Que faites-vous ici?

M. DESPARVILLE PÈRE.

Vous êtes, madame, chez le plus brave homme, le plus, le plus...

M. VANDERK PÈRE.

Monsieur, monsieur, passons dans le salon, vous y renouerez connaissance. Ah! messieurs! ah! mes enfants! je suis dans l'ivresse de la plus grande joie. . (*A sa femme.*) Madame, voilà notre fils. (*Il embrasse son fils; le fils embrasse sa mère.*)

SCÈNE XII

LES PRÉCÉDENTS, ANTOINE.

ANTOINE.

Le carrosse est avancé, monsieuret... Ah! ciel! ah! dieux! ah! monsieur!

M. VANDERK PÈRE.

Eh bien, eh bien, Antoine! eh mais, la tête lui tourne aujourd'hui.

LA TANTE.

Cet homme est fou, il faut le faire enfermer.

(*Victorine court à son père, lui met la main sur la bouche et l'embrasse.*)

M. VANDERK PÈRE.

Paix, Antoine. Voyez à nous faire servir.

(*La compagnie fait un pas, et cependant Antoine dit :*)

ANTOINE.

Je ne sais si c'est un rêve! Ah! quel bonheur! Il fallait que je fusse aveugle... Ah! jeunes gens, jeunes gens, ne penserez-vous jamais que l'étourderie, même la plus pardonnable, peut faire le malheur de tout ce qui vous entoure?

FIN DU PHILOSOPHE SANS LE SAVOIR

NOTE DE L'AUTEUR

————

De tous les défauts de ma pièce, celui qui n'échappe pas à la plus légère attention, est qu'elle ne remplit pas son titre; j'ai été le premier à le dire après les changements. Mon *Philosophe sans le savoir* était un homme d'honneur, qui voit toute la cruauté d'un préjugé terrible, et qui y cède en gémissant. C'était, sous un autre aspect, Brutus, qui, pénétré de ce qu'il doit à sa patrie, étouffe la voix de la raison, le cri de la nature, et envoie ses fils à la mort.

Les considérations les plus sages m'ont forcé de changer la situation, et d'affaiblir mon caractère principal; j'avoue que le titre de philosophe paraissait proposer Vanderk comme un modèle de conduite, et ce prétendu modèle, malheureusement trop près de nos mœurs, était trop loin de nos lois; mais si cet ouvrage a le bonheur d'être représenté dans les pays étrangers, les considérations nationales n'y subsistant plus, puisque le lieu de la scène n'est plus le même pour eux, je crois que le caractère de mon philosophe, tel qu'il était, aura plus de ressort et le personnage plus de jeu: les passages de la fermete à la tendresse seront marqués avec plus de force et deviendront plus théâtrals.

C'est cette raison qui m'a fait ajouter à la pièce telle qu'on la joue les scènes telles qu'elles étaient avant d'être changées, et j'ai même remis ce que le public m'a forcé de supprimer : l'or donné après la reconnaissance, l'arrivée des musiciens, etc. Ce n'est pas que le public n'ait bien vu et bien décidé. J'avais diminué la force, le nerf, la vigueur de mon athlète, et je lui laissais le même fardeau à porter; les proportions étaient ôtées; je désire que la représentation, en quelque lieu qu'elle se fasse, assure la justesse de mes réflexions.

ACTE SECOND

SCÈNE V

Page 31, ligne 22.

M. VANDERK PÈRE.

Servi?

LE DOMESTIQUE.

Oui, il a la croix; c'est bleu, c'est un ruban bleu; ce n'est pas comme les autres, mais c'est la même chose.

M. VANDERK PÈRE.

Dites à votre maître, dites à M. d'Esparville que demain, entre trois et quatre heures après midi, je l'attends ici.

LE DOMESTIQUE.

Oui.

M. VANDERK PÈRE.

Dites, je vous prie, que je suis bien fâché de ne pouvoir lui donner une heure plus prompte, que je suis dans l'embarras.

LE DOMESTIQUE.

Je sais, je sais.

(Comme le domestique tourne du côté du magasin.)

ANTOINE

Eh bien, où allez-vous? encore dormir?

FIN DU SECOND ACTE.

ACTE TROISIÈME

—

SCÈNE V
Page 52, ligne 3.

M. VANDERK FILS.

S'il était possible que j'exigeasse de vous un serment... Promettez-moi que, quelque chose que je vous dise, votre bonté ne me détournera pas de ce que je dois faire.

M. VANDERK PÈRE.

Si cela est juste.

M. VANDERK FILS.

Juste ou non.

M. VANDERK PÈRE.

Ou non?...

M. VANDERK FILS.

Ne vous alarmez pas. Hier au soir, j'ai eu quelque altercation, une dispute avec un officier de cavalerie; nous sommes sortis, on nous a séparés... Parole aujourd'hui.

M. VANDERK PÈRE, *en s'appuyant sur le dos d'une chaise.*

Ah! mon fils!

M. VANDERK FILS.

Mon père, voilà ce que je craignais.

M. VANDERK PÈRE, *avec fermeté.*

Je suis bien loin de vous détourner de ce que vous avez à faire. (*Douloureusement.*) Vous êtes militaire, et quand on a pris un engagement vis-à-vis du public, on doit le tenir, quoi qu'il en coûte à la raison, et même à la nature.

M. VANDERK FILS.

Je n'ai pas besoin d'exhortation.

M. VANDERK PÈRE.

Je le crois. Et puis-je savoir de vous un détail plus étendu de votre querelle et de ce qui l'a causée, enfin, de tout ce qui s'est passé?

M. VANDERK FILS.

Ah! comme j'ai fait ce que j'ai pu pour éviter votre présence!

M. VANDERK PÈRE.

Vous fait-elle du chagrin?

M. VANDERK FILS.

Ah! jamais, jamais je n'ai eu tant besoin d'un ami, et surtout de vous.

M. VANDERK PÈRE.

Enfin, vous avez eu dispute?

M. VANDERK FILS.

L'histoire n'est pas longue : la pluie qui est survenue hier m'a forcé d'entrer dans un café, j'y jouais une partie d'échecs. J'entends à quelques pas de moi quelqu'un qui parlait avec chaleur; il racontait je ne sais quoi de son père, d'un marchand, d'un escompte, de billets; mais je suis certain d'avoir entendu très-distinctement : « Oui, tous ces négociants, tous ces commerçants sont des fripons, sont des misérables. » Je me suis retourné, je l'ai regardé; lui, sans nul égard, sans nulle attention, a répété le même discours. Je me suis levé, je lui ai dit à l'oreille qu'il n'y avait qu'un malhonnête homme qui pût tenir de pareils propos. Nous sommes sortis, on nous a séparés.

M. VANDERK PÈRE.

Vous me permettrez de vous dire...

M. VANDERK FILS.

Ah! je sais, mon père, tous les reproches que vous pouvez me faire! Cet officier pouvait être dans un instant d'humeur; ce qu'il disait pouvait ne pas me regarder. Lorsqu'on dit tout le monde, on ne dit personne; peut-être même ne faisait-il que raconter ce qu'on lui avait dit. Et voilà mon chagrin, voilà mon tourment; mon retour sur moi-même a fait mon supplice : il faut que je cherche à égorger un homme qui peut n'avoir pas tort. Je crois cependant qu'il l'a dit parce que j'étais présent.

M. VANDERK PÈRE.

Vous le désirez. Vous connaît-il?

M. VANDERK FILS.

Je ne le connais pas.

M. VANDERK PÈRE.

Et vous cherchez querelle! Je n'ai rien à vous prescrire.

M. VANDERK FILS.

Mon père, soyez tranquille.

M. VANDERK PÈRE.

Ah! mon fils, pourquoi n'avez-vous pas pensé que vous aviez un père? je pense si souvent que j'ai un fils.

M. VANDERK FILS.

C'est parce que j'y pensais.

M. VANDERK PÈRE, *avec un profond soupir*.

Quelle épée avez-vous là?

M. VANDERK FILS.

J'ai mes pistolets.

M. VANDERK PÈRE.

Vos pistolets... L'arme d'un gentilhomme est son épée.

M. VANDERK FILS.

Il a choisi.

M. VANDERK PÈRE.

Et dans quelle incertitude, dans quelle peine jetez-vous aujourd'hui votre mère et moi?

M. VANDERK FILS.

J'y avais pourvu.

M. VANDERK PÈRE.

Comment?

M. VANDERK FILS.

J'avais laissé sur ma table une lettre adressée à vous; Victorine vous l'aurait donnée.

M. VANDERK PÈRE.

Est-ce que vous vous êtes confié a Victorine?

M. VANDERK FILS.

Non; mais elle devait reporter quelque chose sur ma table, et elle l'aurait vue.

M. VANDERK PÈRE.

Et quelles précautions aviez-vous prises contre la juste rigueur des lois?...

M. VANDERK FILS.

La fuite.

M. VANDERK PÈRE.

Remontez à votre appartement, apportez-moi cette lettre, je vais écrire pour votre sûreté, si le ciel vous conserve! Ah! peut-on l'implorer pour un meurtre, et peut-être pour deux!

M. VANDERK FILS.

Que je suis malheureux!...

M. VANDERK PÈRE.

Passez dans la chambre de votre mère; dites-lui... Non, il vaut mieux qu'il y ait douze heures de plus qu'elle ne vous ait vu. Ah! ciel!...

SCÈNE VI
Page 56, ligne 22.

M. VANDERK PÈRE.

Infortuné! comme on doit peu compter sur le bonheur présent! Je me suis couché le plus tranquille, le plus heureux des pères, et me voilà... (*Il se met à son secrétaire et il écrit.*) Antoine!... Je ne puis avoir trop de confiance. (*Antoine entre.*) Ah! pourvu que je le revoie. (*Il écrit.*) Si son sang coulait pour son roi ou pour sa patrie, mais...

SCÈNE VII
Page 56, ligne 8.

ANTOINE.

Que voulez-vous?

M. VANDERK PÈRE.

Ce que je veux? ah! qu'il vive!

ANTOINE.

Monsieur...

M. VANDERK PÈRE.

Je t'ai pas entendu entrer.

ANTOINE.

Vous m'avez appelé.

M. VANDERK PÈRE.

Antoine, je connais ta discrétion, ton affection pour moi et pour mon fils. Il sort pour se battre.

ANTOINE.

Contre qui? Je vais...

M. VANDERK PÈRE.

C'est inutile.

ANTOINE.

Tout le quartier va le défendre; je vais réveiller...

M. VANDERK PÈRE.

Non, ce n'est pas...

ANTOINE.

Vous me tueriez plutôt que de...

M. VANDERK PÈRE.

Tais-toi, il est encore ici; le voici, laisse-
nous.

SCÈNE VIII

M. VANDERK PÈRE, M. VANDERK FILS.

M. VANDERK FILS.

Je vais vous la lire.

M. VANDERK PÈRE.

Non, donnez... Et quelle est votre marche?...
le lieu, l'instant?

M. VANDERK FILS.

Je n'ai voulu sortir de si bonne heure que
pour ne pas manquer à ma parole. J'ai re-
douté l'embarras d'aujourd'hui, et de me
trouver engagé de façon à ne pouvoir m'é-
chapper. Ah! comme j'aurais voulu retarder
d'un jour!...

M. VANDERK PÈRE.

Eh bien?

M. VANDERK FILS.

Sur les trois heures après midi, nous nous
rencontrerons derrière les petits remparts.

M. VANDERK PÈRE.

Et d'ici à trois heures, ne pouviez-vous
rester?

M. VANDERK FILS.

Ah! mon père! imaginez...

M. VANDERK PÈRE.

Vous avez raison, je n'y pensais pas. Tenez, voici des lettres pour Calais et pour l'Angleterre; vous aurez les relais. Puissiez-vous en avoir besoin!

M. VANDERK FILS.

Mon père!

M. VANDERK PÈRE.

Ah! mon fils!... on commence à remuer dans la maison... Adieu!

M. VANDERK FILS.

Adieu, mon père!... embrassez pour moi...
(Son père le repousse avec tendresse et ne l'embrasse pas. Le fils fait quelques pas pour sortir, il se retourne et tend les bras à son père, qui lui fait signe de partir.)

SCÈNE IX
Page 53, ligne 2.

Ah! mon fils! fouler aux pieds la raison, la nature et les lois. Préjugé funeste! abus cruel du point d'honneur, tu ne pouvais avoir pris naissance que dans les temps les plus barbares; tu ne pouvais subsister qu'au milieu d'une nation vaine et pleine d'elle-même, qu'au milieu d'un peuple dont chaque particulier compte sa personne pour tout, et sa patrie et sa famille pour rien. Et vous, lois sages, mais insuffisantes, vous avez désiré mettre un frein à l'honneur, vous avez ennobli l'échafaud; votre sévérité a servi à froisser le cœur d'un honnête homme entre l'infamie et le supplice! Ah' mon fils!

SCÈNE X
Page 58, ligne 16.

M. VANDERK PÈRE, ANTOINE.

ANTOINE.

Vous l'avez laissé partir?

M. VANDERK PÈRE.

Que rien ne transpire ici.

ANTOINE.

Il est déjà jour chez madame, et s'il allait chez elle...

M. VANDERK PÈRE.

Il est parti. Ah! ciel!... Viens, suis-moi, je vais m'habiller.

FIN DU TROISIÈME ACTE.

ACTE CINQUIÈME
—

SCÈNE IV

M. VANDERK PÈRE, M. DESPARVILLE,
officier, décoré de l'ordre du Mérite.
Page 74, ligne 15.

M. DESPARVILLE.

Monsieur, monsieur, je suis fâché de vous déranger. Je sais tout ce qui vous arrive. Vous mariez votre fille; vous êtes à l'instant en compagnie; mais un mot, un seul mot.

M. VANDERK PÈRE.

Et moi, monsieur, je suis fâché de ne vous avoir pas donné une heure plus prompte. On vous a peut-être fait attendre. J'avais dit à quatre heures, et il est trois heures seize minutes. Monsieur, asseyez-vous.

M. DESPARVILLE.

Non, parlons debout, j'aurai bientôt dit. Monsieur, je crois que le diable est après moi. J'ai, depuis quelque temps, besoin d'argent, et encore plus depuis hier, pour la circonstance la plus pressante, et que je ne peux pas dire. J'ai une lettre de change, bonne, excellente; c'est, comme disent vos marchands, c'est de l'or en barre; mais elle sera payée quand? je n'en sais rien; ils ont des usages, des usances, des termes que je ne comprends pas. J'ai été chez plusieurs de vos confrères, des juifs, des arabes, pardonnez-moi le terme, oui, des arabes. Ils m'ont demandé des remises considérables, parce qu'ils volent que j'en ai besoin. D'autres m'ont refusé tout net. Devineriez-vous pourquoi hier un homme m'a refusé?

M. VANDERK PÈRE.

Non, monsieur.

M. DESPARVILLE.

Parce que ce ruban-là est bleu, et parce qu'il n'est pas rouge. Vous ne pensez pas de même peut-être.

M. VANDERK PÈRE.

Monsieur, les honnêtes gens n'ont besoin que de la probité de leurs semblables et non de leurs opinions.   .

M. DESPARVILLE.

Ce que vous me dites est juste, et l'univers ne serait qu'une famille, si tout le monde pensait comme vous. Mais que je ne vous retarde point. Pouvez-vous m'avancer le payement de ma lettre de change, ou ne le pouvez-vous pas?

M. VANDERK PÈRE.

Puis-je la voir?

M. DESPARVILLE.

La voilà. (*Pendant que M. Vanderk lit.*) Je payerai tout ce qu'il faudra. Je sais qu'il y a des droits. Faut-il le quart? faut-il...? J'ai besoin d'argent.

M. VANDERK PÈRE *sonne.*

Monsieur, je vais vous la faire payer.

M. DESPARVILLE.

A l'instant?

M. VANDERK PÈRE.

Oui, monsieur.

M. DESPARVILLE.

A l'instant! Prenez, monsieur. Ah! quel service vous me rendez! Prenez, prenez, monsieur.   (*Le domestique entre.*)

M. VANDERK PÈRE.

Allez à ma caisse, apportez le montant de cette lettre, deux mille quatre cents livres.

M. DESPARVILLE.

Faites retenir, monsieur, le compte, l'à-compte, le...

M. VANDERK PÈRE.

Non, monsieur, je ne prends point d'escompte, ce n'est pas mon commerce, et, je vous l'avoue avec plaisir, ce service ne me coûte rien. Votre lettre vient de Cadix, elle est pour moi une rescription, elle devient pour moi de l'argent comptant.

M. DESPARVILLE.

Monsieur, voilà de l'honnêteté, voilà de l'honnêteté; vous ne savez pas toute l'étendue du service que vous me rendez.

M. VANDERK PÈRE.

Je souhaite qu'il soit considérable.

SEDAINE .   4

M. DESPARVILLE.

Ah! monsieur, monsieur, que vous êtes heu‑
reux! vous n'avez qu'une fille!...

M. VANDERK PÈRE.

J'espère que j'ai un fils.

M. DESPARVILLE.

Un fils! mais il est sûrement dans le com‑
merce, dans un état tranquille! mais le mien,
le mien est dans le service. A l'instant que je
vous parle, n'est-il pas occupé à se battre?...

M. VANDERK PÈRE.

A se battre!

M. DESPARVILLE.

Oui, monsieur, à se battre : un autre jeune
homme, dans un café, un petit brutal, lui a
cherché querelle, je ne sais pourquoi, je ne
sais comment; il ne le sait pas lui-même.

M. VANDERK PÈRE.

Que je vous plains, et qu'il est à craindre...

M. DESPARVILLE.

A craindre! je ne crains rien! Mon fils est
brave; il tient de moi, et adroit, adroit : à
vingt pas, il couperait une balle en deux sur
une lame de couteau; mais il faut qu'il s'en‑
fuie, c'est le diable, c'est une mauvaise af‑
faire, vous entendez bien; je me fie à vous,
vous m'avez gagné l'âme.

M. VANDERK PÈRE.

Monsieur, je suis flatté de votre... (*On frappe
un coup à la porte.*) Je suis flatté de ce que...
           (*Un second coup à la porte.*)

M. DESPARVILLE.

Ce n'est rien, c'est qu'on frappe chez vous.

M. VANDERK PÈRE. (*Un troisième coup à la porte.*)

Ah! monsieur, tous les pères ne sont pas
malheureux.

M. DESPARVILLE.

Vous ne vous trouvez pas indisposé?

M. VANDERK PÈRE.

Non, monsieur. (*Le domestique entre avec les 2,400 livres.*) Ah! voilà votre somme. Partez, monsieur, vous n'avez pas de temps à perdre.

M. DESPARVILLE.

Ah! monsieur, que je vous suis obligé! (*Il fait quelques pas et revient.*) Monsieur, au service que vous me rendez pourriez-vous en ajouter un second? Auriez-vous de l'or? C'est que je vais donner à mon fils...

M. VANDERK PÈRE.

Oui, monsieur.

M. DESPARVILLE.

Avant que j'aie pu rassembler quelques louis, je peux perdre un temps infini.

M. VANDERK PÈRE, *au domestique.*

Retirez les deux sacs de douze cents livres. Voici, monsieur, quatre rouleaux de vingt-cinq louis chacun; ils sont cachetés et comptés exactement.

M. DESPARVILLE.

Ah! monsieur, que vous m'obligez.

M. VANDERK PÈRE.

Partez, monsieur, permettez-moi de ne pas vous reconduire.

M. DESPARVILLE.

Restez, restez, monsieur, je vous en prie. Vous avez affaire! Ah! le brave homme! ah! l'honnête homme! Monsieur, mon sang est à vous. Restez, restez, restez, je vous en supplie. Ah! l'honnête homme!

SCÈNE V

M. VANDERK PÈRE.

Page 78, ligne 6.

Mon fils est mort... Je l'ai vu là... et je ne l'ai pas embrassé... O ciel! Antoine tarde bien. Que de peines sa naissance me préparait! que de chagrin sa mère...

SCÈNE VI

Page 78, ligne 11.

M. VANDERK PÈRE, DES MUSICIENS, DES CROCHETEURS *chargés de basses, de contrebasses.*

L'UN DES MUSICIENS.

Monsieur, est-ce ici?

M. VANDERK PÈRE.

Que voulez-vous? Ah! ciel!
(*Il les regarde en frémissant et se renverse sur son fauteuil.*)

LE MUSICIEN.

C'est qu'on nous dit de mettre ici nos instruments, et nous allons...

SCÈNE VII

Page 78, après la scène précédente.

ANTOINE, LES ACTEURS PRÉCÉDENTS.

ANTOINE *entre, les prend, les pousse, les chasse avec fureur.*
Eh! mettez votre musique à tous les diables! Est-ce que la maison n'est pas assez grande?

LE MUSICIEN.

Nous allons... nous allons...

Page 78, après la scène précédente.

ANTOINE, M. VANDERK Père.

M. VANDERK PÈRE.

Eh bien!

ANTOINE.

Ah! mon maître! tous deux; j'étais très-loin; mais j'ai vu, j'ai vu... Ah! monsieur!

M. VANDERK PÈRE.

Mon fils?

ANTOINE.

Oui, ils se sont approchés à bride abattue. L'officier a tiré, votre fils ensuite. L'officier est tombé d'abord, il est tombé le premier. Après cela, monsieur, ah! mon cher maître, les chevaux se sont séparés, je suis couru... j'ai...

M. VANDERK PÈRE.

Voyez si mes chevaux sont mis, faites approcher par la porte de derrière, venez m'avertir. Courons-y, peut-être n'est-il que blessé!

SCÈNE IX

Page 79, ligne 1.

LES ACTEURS PRÉCÉDENTS, VICTORINE.

ANTOINE.

Mort, mort! J'ai vu tomber son chapeau... Mort!

VICTORINE.

Mort! son chapeau! Le chapeau de qui donc?... Mort! Ah! monsieur!

M. VANDERK PÈRE.

Que demandez-vous?

ANTOINE.

Qu'est-ce que tu demandes? Sors d'ici tout
à l'heure.

M. VANDERK PÈRE.

Laissez-la. Allez, Antoine, faites ce que je
vous dis. Que voulez-vous, Victorine?

SCÈNE XI

Page 82, ligne 10.

MM. VANDERK PÈRE *et* FILS, MM. DESPAR-
VILLE PÈRE *et* FILS, VICTORINE.

M. VANDERK PÈRE.

Ah! messieurs, qu'il est difficile de passer
d'un grand chagrin à une grande joie.

VICTORINE *se saisit du chapeau du fils.*

Ah! ciel! ah! monsieur!

M. VANDERK FILS.

Quoi donc, Victorine?

VICTORINE.

Votre chapeau est percé d'une balle!

M. DESPARVILLE FILS.

D'une balle! ah! mon ami.

(*Il embrasse M. Vanderk fils.*)

M. VANDERK PÈRE.

Messieurs, j'entends du bruit. Nous allons
nous mettre à table, faites-moi l'honneur d'ê-
tre de la noce. Que rien ne transpire ici : cela
troublerait la fête. Après ce qui s'est passé,
monsieur, vous ne pouvez être que le plus
grand ami ou le plus grand ennemi de mon
fils, et vous n'avez pas la liberté du choix.

M. DESPARVILLE FILS *baise la main de
M. Vanderk père.*

Ah! monsieur!

M. DESPARVILLE PÈRE.

Bien, bien, mon fils; ce que vous faites là
est bien !

VICTORINE.

«Qu'à moi, qu'à moi.» Ah! cruel!

M. VANDERK FILS.

Que je suis aise de te revoir, ma chère Vic
torine.

M. VANDERK PÈRE.

Victorine, retirez-vous.

SCÈNE XII

MADAME VANDERK, SOPHIE, LE GENDRE
et LES ACTEURS PRÉCÉDENTS.

MADAME VANDERK.

Ah! te voilà, mon fils. Mon cher ami, peut-
on faire servir? Il est tard.

M. VANDERK PÈRE.

Ces messieurs veulent bien rester. Voici,
messieurs, ma femme, mon gendre et ma fille
que je vous présente.

M. DESPARVILLE PÈRE.

Quel bonheur mérite une telle famille!

SCÈNE XIII

LA TANTE *et* LES ACTEURS PRÉCÉDENTS.

LA TANTE.

On dit que mon neveu est arrivé. Eh! te
voilà, mon cher enfant.

M. VANDERK PÈRE.

Madame, vous demandiez des militaires, en
voilà. Aidez-moi à les retenir.

LA TANTE.

Eh! c'est le vieux baron Desparville.

M. DESPARVILLE PÈRE.

Eh! c'est vous, madame la marquise; je vous croyais en Berri.

LA TANTE.

Que faites-vous ici?

M. DESPARVILLE PÈRE.

Vous êtes, madame, chez le plus brave homme, le plus... le plus...

M. VANDERK PÈRE.

Monsieur, monsieur, passons dans le salon, vous y renouerez connaissance. Ah! messieurs, je suis dans l'ivresse de la plus grande joie. Madame, voilà notre fils.

(Il l'embrasse, le fils embrasse sa mère.)

SCÈNE XIV ET DERNIÈRE

ANTOINE *et* LES ACTEURS PRÉCÉDENTS.

ANTOINE.

Le carrosse est avancé, monsieur, et... Ah! ciel! ah! dieux! ah! monsieur!...

MADAME VANDERK.

Eh bien, eh bien, Antoine! eh! mais la tête lui tourne aujourd'hui.

LA TANTE.

Cet homme est fou.

(Victorine court à son père, lui met la main sur la bouche et l'embrasse.)

M. VANDERK PÈRE.

Paix, Antoine, voyez à nous faire servir.

ANTOINE.

Je ne sais si c'est un rêve. Ah! quel bonheur! Il fallait que je fusse aveugle... Ah! jeunes gens, ne penserez-vous jamais que l'étourderie, même la plus pardonnable, peut faire le malheur de tout ce qui vous entoure.

FIN DU PHILOSOPHE SANS LE SAVOIR.

LA GAGEURE IMPRÉVUE

PERSONNAGES

—

LE MARQUIS DE CLAINVILLE.
LA MARQUISE DE CLAINVILLE.
M. DÉTIEULETTE.
MADEMOISELLE ADÉLAIDE.
GOTTE.
DUBOIS, concierge.
LAFLEUR, domestique.
LA GOUVERNANTE d'Adélaide.

La scène est au château du marquis.

LA GAGEURE IMPRÉVUE

GOTTE.

s nous plaignons, nous autres domestiques, et nous avons tort. Il est vrai que
nous avons à souffrir des caprices, des hu-
meurs, des brusqueries, souvent des querelles,
dont nous ne devinons pas la cause; mais au
moins si cela fâche, cela désennuie. Eh! l'ennui!... l'ennui!... Ah! c'est une terrible chose
que l'ennui... Si cela dure encore d 'x heures, ma maîtresse en mourra. Mais p ur une
femme d'esprit n'avoir pas l'esprit de s'amuser, cela m'étonne. C'est peut-être que plus on
a d'esprit, moins on a de ressources pour se
désennuyer. Vivent les sots pour s'amuser de
tout! Ah! la voilà qui quitte enfin son balcon.

SCÈNE II

GOTTE, LA MARQUISE.

GOTTE.

Madame a-t-elle vu passer bien du monde?

LA MARQUISE.

Oui, des gens bien mouillés, des voituriers,
de pauvres gens qui font pitié. Voilà une
journée d'une tristesse... La pluie est encore
augmentée.

GOTTE.

Je ne sais si madame s'ennuie, mais je vous
assure que moi... de ce temps-là on est tout
je ne sais comment.

LA MARQUISE.

Il m'est venu l'idée la plus folle... S'il était passé sur le grand chemin quelqu'un qui eût eu une figure humaine, je l'aurais fait appeler pour me tenir compagnie.

GOTTE.

Il n'est point de cavalier qui n'en eût été bien aise. Mais, madame, M. le marquis n'aura pas lieu d'être satisfait de sa chasse?

LA MARQUISE.

Je n'en suis pas fâchée.

GOTTE.

Hier au soir, vous lui avez conseillé d'y aller.

LA MARQUISE.

Il en mourait d'envie, et j'attendais des visites. La comtesse de Wordacle...

GOTTE.

Quoi! cette dame si laide?

LA MARQUISE.

Je ne hais pas les femmes laides.

GOTTE.

Vous pourriez même aimer les jolies.

LA MARQUISE.

Je badine : je ne hais personne. Donnez-moi ce livre. (*Elle prend le livre.*) Ah! de la morale; je ne lirai pas. Si mon clavecin... Je vous avais dit de faire arranger mon clavecin; mais vous ne songez à rien. S'il était accordé, j'en toucherais.

GOTTE.

Il l'est, madame; le facteur est venu ce matin.

LA MARQUISE.

J'en jouerai ce soir; cela amusera M. de

Clainville... Je vais broder... Non, approchez
une table, je veux écrire. Ah! dieux!

GOTTE *approche une table.*

La voilà.

LA MARQUISE *regarde les plumes et les jette.*

Ah! pas une seule plume en état d'écrire.

GOTTE.

En voici de toutes neuves.

LA MARQUISE.

Pensez-vous que je ne les vois pas?... Faites
donc fermer cette fenêtre... Non, je vais m'y
remettre, laissez.

(*La marquise va se remettre à la fenêtre.*)

GOTTE.

Ah! de l'humeur, c'est un peu trop. Voilà
donc de la morale; de la morale! il faut que
je lise cela, pour savoir ce que c'est que la
morale. (*Elle lit.*) Essai sur l'homme. Voilà une
singulière morale. Il faut que je lise cela...

(*Elle remet le livre.*)

LA MARQUISE.

Gotte! Gotte!

GOTTE.

Madame?

LA MARQUISE.

Sonne quelqu'un. Cela sera plaisant... Ah!
c'est un peu... Il faut que ma réputation soit
aussi bien établie qu'elle l'est, pour risquer
cette plaisanterie.

SCÈNE III

LA MARQUISE, GOTTE, UN DOMESTIQUE.

LA MARQUISE, *au domestique.*

Allez vite à la petite porte du parc. Vous

verrez passer un officier qui a un surtout
bleu, un chapeau bordé d'argent. Vous lui
direz : « Monsieur, une dame que vous venez
de saluer vous prie de vouloir bien vous arrêter un instant. » Vous le ferez entrer par
les basses-cours. S'il vous demande mon nom,
vous lui direz que c'est madame la comtesse
de Wordacle.

LE DOMESTIQUE.

Madame la comtesse de Wordacle?

LA MARQUISE.

Oui; courez vite.

SCÈNE IV

LA MARQUISE, GOTTE.

GOTTE.

Madame la comtesse de Wordacle?

LA MARQUISE.

Oui.

GOTTE.

Cette comtesse si vieille, si laide, si bossue?

LA MARQUISE.

Oui; cela sera très-singulier. Partout où
mon officier en fera le portrait, on se moquera
de lui.

GOTTE.

Connaissez-vous cet officier?

LA MARQUISE.

Non.

GOTTE.

S'il vous connaît?

LA MARQUISE.

En ce cas, le domestique n'avait pas le sens
commun; il aura dit un nom pour un autre.

GOTTE.

Mais, madame, avez-vous pensé...?

LA MARQUISE.

J'ai pensé à tout; je ne dînerai pas seule.
En fait de compagnie à la campagne, on prend
ce qu'on trouve.

GOTTE.

Mais si c'était quelqu'un qui ne convint pas
à madame?

LA MARQUISE.

Ne vais-je pas voir quel homme c'est? Faites
fermer les fenêtres.   (*Gotte sonne.*)

SCÈNE V

GOTTE, LA MARQUISE, LAFLEUR.

*(La marquise tire son miroir de poche; elle regarde
si ses cheveux ne sont pas dérangés, si son rouge
est bien. Lafleur, après avoir fermé la fenêtre,
parle bas à l'oreille de Gotte, et finit en disant:)*

LAFLEUR.

Je l'ai vu.

GOTTE.

Ah! madame! voilà bien de quoi vous désennuyer. Il y a une dame enfermée dans l'appartement de M. le marquis.

LA MARQUISE.

Qu'est-ce que cela signifie?

GOTTE.

Parle, parle; conte donc.

LAFLEUR.

Madame... (*A Gotte.*) Babillarde!

LA MARQUISE.

Je vous écoute.

LAFLEUR.

Madame, parlant par révérence...

LA MARQUISE.

Supprimez vos révérences.

LAFLEUR.

Sauf votre respect, madame...

LA MARQUISE.

Que ces gens-là sont bêtes avec leur respect et leurs révérences! Ensuite?

LAFLEUR.

J'allais, madame, au bout du corridor, lors-que, par la petite fenêtre qui donne sur la terrasse du cabinet de monsieur, j'ai vu, comme j'ai l'honneur de voir madame la mar-quise...

LA MARQUISE.

Voilà de l'honneur à présent. Eh bien, qu'a-vez-vous vu?

LAFLEUR.

J'ai vu derrière la croisée du grand cabinet de M. le marquis, j'ai vu remuer un rideau, ensuite une petite main, une main droite ou une main gauche; oui, c'était une main droite, qui a tiré le rideau comme ça. J'ai regardé, j'ai aperçu une jeune demoiselle de seize à dix-huit ans; je n'assurerais pas qu'elle a dix-huit ans, mais elle en a bien seize.

LA MARQUISE.

Et... Êtes-vous sûr de ce que vous dites?

LAFLEUR.

Ah! madame, voudrais-je...

LA MARQUISE.

C'est, sans doute, quelque femme que le concierge aura fait entrer dans l'appartement. Faites venir Dubois. Lafleur, n'en avez-vous parlé à personne?

LAFLEUR.

Hors à mademoiselle Gotte.

LA MARQUISE.

Si l'un ou l'autre vous en dites un mot, je vous renvoie. Faites venir Dubois.

SCÈNE VI

LA MARQUISE, GOTTE.

GOTTE, *faisant la pleureuse.*

Je ne crois pas, madame, avoir jamais eu le malheur de manquer envers vous; je n'ai jamais dit aucun secret.

LA MARQUISE.

Je vous permets de dire les miens.

GOTTE.

Madame, est-il possible... que vous puissiez... penser... que...

LA MARQUISE.

Ah! ah! vous allez pleurer; je n'aime pas ces petites simagrées; je vous prie de finir, ou allez dans votre chambre; cela se passera.

SCÈNE VII

LA MARQUISE, GOTTE, DUBOIS.

LA MARQUISE.

Monsieur Dubois, qu'est-ce que cette jeune personne qui est dans l'appartement de mon mari?

DUBOIS.

Une jeune personne qui est dans l'appartement de monsieur?

LA MARQUISE.

Je vois que vous cherchez à me mentir;

mais je vous prie de songer que ce serait me manquer de respect, et je ne le pardonne pas.

DUBOIS.

Madame, depuis vingt-sept ans que j'ai l'honneur d'être valet de chambre à M. le marquis, il n'a jamais eu sujet de penser que je pouvais manquer de respect, et lorsque les maîtres font tant que de vouloir bien nous interroger... il y a onze ans, madame...

LA MARQUISE.

Vous cherchez à éluder la question; mais je vous prie d'y répondre précisément. Quelle est cette jeune personne qui est dans le cabinet de M. de Clainville?

DUBOIS.

Ah! madame! vous pouvez me perdre, et si monsieur sait que je vous l'ai dit... peut-être veut-il en faire un secret.

LA MARQUISE.

Eh bien, ce secret, vous n'êtes pas venu me trouver pour me le dire. M. de Clainville saura que je vous ai interrogé sur ce que je savais, et que vous n'avez osé ni me mentir ni me désobéir.

DUBOIS.

Ah! madame, quel tort cela pourrait me faire!

LA MARQUISE.

Aucun. Ceci me regarde, et j'aurai assez de pouvoir sur son esprit....

DUBOIS.

Ah! madame, vous pouvez tout, et si vous interrogiez monsieur, je suis sûr qu'il vous dirait...

LA MARQUISE.

Revenons à ce que je vous demandais. Sortez, Gotte.

SCÈNE VIII

LA MARQUISE, DUBOIS.

LA MARQUISE.

Vous ne devez avoir aucun sujet de crainte.

DUBOIS.

Madame, hier au matin, monsieur me dit : « Dubois, prends ce papier, et exécute de point en point ce qu'il renferme.

LA MARQUISE.

Quel papier?

DUBOIS.

Je crois l'avoir encore. Le voici.

LA MARQUISE.

Lisez.

DUBOIS.

C'est de la main de M. le marquis. « Ce jeudi, 16 du courant, au matin. Aujourd'hui, à cinq heures un quart du soir, Dubois dira à sa femme de s'habiller, et de mettre une robe. A six heures et demie, il partira de chez lui avec sa femme, sous le prétexte d'aller promener. A sept heures et demie, il se trouvera à la petite porte du parc. A huit heures sonnées, il confiera à sa femme qu'ils sont là l'un et l'autre pour m'attendre. A huit heures et demie... »

LA MARQUISE.

Voilà bien du détail; donnez, donnez. (*Elle parcourt le papier des yeux.*) Eh bien?

DUBOIS.

Monsieur est arrivé à dix heures passées. Ma femme mourait de froid; c'est qu'il était survenu un accident à la voiture. Monsieur était dans sa diligence; il en a fait descendre deux femmes, l'une jeune et l'autre âgée. Il a dit à ma femme : « Conduisez-les dans mon appartement par votre escalier. » Monsieur est rentré. Il n'a dit à la plus jeune que deux mots, et il nous les a recommandées.

LA MARQUISE.

Eh ! où ont-elles passé la nuit?

DUBOIS.

Dans la chambre de ma femme, où j'ai dressé un lit.

LA MARQUISE.

Et monsieur n'a pas eu plus d'attentions pour elles?

DUBOIS.

Vous me pardonnerez, madame; il est revenu ce matin, avant d'aller à la chasse; il a fait demander la permission d'entrer; il a fait beaucoup d'honnêtetés, beaucoup d'amitiés à la jeune personne, beaucoup, beaucoup...

LA MARQUISE.

Voilà ce que je ne vous demande pas. Et vous ne voyez pas à peu près quelles sont ces femmes?

DUBOIS.

Madame, j'ai exécuté les ordres; mais ma femme m'a dit que c'est quelqu'un comme il faut.

LA MARQUISE.

Amenez-les-moi.

DUBOIS.

Ah! madame!

LA MARQUISE.

Oui, priez-les; dites-leur que je les prie de vouloir bien passer chez moi.

DUBOIS.

Mais si...

LA MARQUISE.

Faites ce que je vous dis, n'appréhendez rien. Faites rentrer Gotte.

SCÈNE IX

LA MARQUISE.

Ceci me paraît singulier... Non, je ne peux croire... Ah! les hommes sont bien trompeurs... Au reste, je vais voir.

SCÈNE X

LA MARQUISE, GOTTE.

LA MARQUISE.

Je vous prie de garder le silence sur ce que vous pouvez savoir et ne savoir pas. (*A part.*) Je suis à présent fâchée de mon étourderie et de mon officier! Sitôt qu'il paraîtra...

GOTTE.

Qui, madame?

LA MARQUISE.

Cet officier. Vous le ferez entrer dans mon petit cabinet; vous le prierez d'attendre un instant, et vous reviendrez.

SCÈNE XI

LA MARQUISE, DUBOIS, MADEMOISELLE ADÉLAÏDE, SA GOUVERNANTE.

LA MARQUISE.

Mademoiselle, je suis très-fâchée de troubler votre solitude; mais il faut que M. le marquis ait eu des raisons bien essentielles pour me cacher que vous étiez dans son appartement. J'attends de vous la découverte d'un mystère aussi singulier.

LA GOUVERNANTE.

Madame, je vous dirai que...

LA MARQUISE.

Cette femme est à vous?

MADEMOISELLE ADÉLAÏDE.

Oui, madame, c'est ma gouvernante.

LA MARQUISE.

Permettez-moi de la prier de passer dans
mon cabinet.

MADEMOISELLE ADÉLAÏDE.

Madame, depuis mon enfance elle ne m'a
point quittée. Permettez-lui de rester.

LA MARQUISE, *à Dubois.*

Avancez un siége, et sortez. (*Dubois avance
un siége; la marquise montre un siége plus loin.*)
Asseyez-vous, la bonne, asseyez-vous. Mademoiselle, toute l'honnêteté qui paraît en vous
devait ne point faire hésiter M. le marquis de
vous présenter chez moi.

MADEMOISELLE ADÉLAÏDE.

J'ignore, madame, les raisons qui l'en ont
empêché; j'aurais été la première à lui demander cette grâce, si je n'apprenais à l'instant que j'avais l'honneur d'être chez vous.

LA MARQUISE.

Vous ne saviez pas...?

MADEMOISELLE ADÉLAÏDE.

Non, madame.

LA MARQUISE.

Vous redoublez ma curiosité.

MADEMOISELLE ADÉLAÏDE.

Je n'ai nulle raison pour ne pas la satisfaire. M. le marquis ne m'a jamais recom-
mandé le secret sur ce qui me concerne.

LA MARQUISE.

Y a-t-il longtemps qu'il a l'honneur de vous connaître?

MADEMOISELLE ADÉLAÏDE.

Depuis mon enfance, madame. Dans le couvent où j'ai passé ma vie, je n'ai connu que lui pour tuteur, pour parent et pour ami.

LA MARQUISE, *à la gouvernante.*

Comment se nomme mademoiselle?

LA GOUVERNANTE.

Mademoiselle Adélaïde.

LA MARQUISE.

Point d'autre nom?

LA GOUVERNANTE.

Non, madame.

LA MARQUISE.

Non!... Et vous me direz, mademoiselle, que vous ignorez les idées de M. le marquis en vous amenant chez lui, et en vous dérobant à tous les yeux?

MADEMOISELLE ADÉLAÏDE, *d'un ton un peu sec.*

Lorsqu'on respecte les personnes, on ne les presse pas de questions, madame, et je respectais trop M. le marquis pour le presser de me dire ce qu'il a voulu me taire.

LA MARQUISE.

On ne peut pas avoir plus de discrétion.

MADEMOISELLE ADÉLAÏDE.

Et j'ai déjà eu l'honneur de vous dire, madame, que j'ignorais que j'étais chez vous.

LA MARQUISE.

Vous me le feriez oublier.

MADEMOISELLE ADÉLAÏDE, *se levant.*

Madame, je me retire.

LA MARQUISE, *levée, d'un ton radouci.*

Mademoiselle, je désire que M. le marquis ne retarde pas le plaisir que j'aurais de vous connaître.

MADEMOISELLE ADÉLAÏDE.

Je le désire aussi.

LA MARQUISE.

Il a sans doute eu des motifs que je ne crois injurieux ni pour vous ni pour moi; mais convenez que ce mystérieux silence a besoin de tous les sentiments que vous inspirez pour n'être pas mal interprété.

MADEMOISELLE ADÉLAÏDE.

J'en conviens, madame, et, pour vous confirmer dans l'idée que je mérite que l'on prenne de moi, je vous dirai quelle est la mienne sur la conduite de M. de Clainville à mon égard. Il y a quelques mois...

LA MARQUISE.

Asseyez-vous, je vous en prie.

MADEMOISELLE ADÉLAÏDE *s'assoit, ainsi que la marquise et la gouvernante.*

Il y a quelques mois que M. de Clainville vint à mon couvent; il était accompagné d'un gentilhomme de ses amis; il me le présenta. Il me demanda, pour lui, la permission de paraître à la grille; je l'accordai. Il y vint... je l'ai vu... quelquefois... souvent même, et lundi passé, M. le marquis revint me voir; il me dit de me disposer à sortir du couvent. Dans la conversation qu'il eut avec moi, il sembla me prévenir sur un changement d'état. Quelques jours après (c'était hier) il est revenu un peu tard, car la retraite était sonnée. Il m'a fait sortir, non sans quelque chagrin; j'étais dans ce couvent dès l'enfance, et il m'a conduite ici. Voici, madame, toute mon

histoire, et, s'il était possible que j'imagi-
nasse quelque sujet de craindre l'homme que
je respecte le plus, ce serait près de vous que
je me réfugierais.

SCÈNE XII

LES PRÉCÉDENTS, GOTTE.

GOTTE.

Il se nomme M. Détleulette.

MADEMOISELLE ADÉLAÏDE.

M. Détleulette!

LA GOUVERNANTE.

M. Détleulette!

LA MARQUISE.

Dans mon cabinet?

GOTTE.

Non, il est là.

LA MARQUISE, à Gotte.

Faites-le entrer ici... dans un moment. (A
mademoiselle Adélaïde.) Mademoiselle, je ne
crois pas que M. de Clainville me prive longtemps du plaisir de vous voir. Je ne lui dirai
pas que j'ai pris la liberté de l'anticiper; je
vous demanderai, mademoiselle, de vouloir
bien ne lui en rien dire.

MADEMOISELLE ADÉLAÏDE.

Madame, j'observerai le même silence.

LA MARQUISE, à Gotte.

Faites entrer Dubois. Ah!

SCÈNE XIII

LES PRÉCÉDENTS, DUBOIS.

LA MARQUISE.

Dubois, ayez pour mademoiselle, tous les

égards, toutes les attentions dont vous êtes capable. Vous ne direz point à M. le marquis que mademoiselle a bien voulu passer dans mon appartement, à moins qu'il ne vous le demande. Mademoiselle, j'espère que...

MADEMOISELLE ADÉLAÏDE.

Madame...

(La marquise reconduit jusqu'à la deuxième porte. Gotte est restée; elle voit entrer M. Détieulette.)

GOTTE.

Il n'a pas mauvaise mine; elle peut le faire rester à dîner

SCÈNE XIV

M. DÉTIEULETTE, LAFLEUR.

M. DÉTIEULETTE.

Tu demeures ici?

LAFLEUR.

Chez le marquis de Clainville.

M. DÉTIEULETTE.

Chez le marquis de Clainville. On m'a dit la comtesse de Wordacle.

LAFLEUR.

Madame a ordonné de le dire.

M. DÉTIEULETTE.

Ordre de dire qu'elle se nommait la comtesse de Wordacle?

LAFLEUR.

Oui, monsieur.

M. DÉTIEULETTE.

Qu'est-ce que cela veut dire?

LAFLEUR.

Je n'en sais rien.

M. DÉTIEULETTE.

Et où est le marquis?

LAFLEUR.

On le dit à la chasse.

M. DÉTIEULETTE.

N'est-il pas à Montfort? Je comptais l'y trouver. Revient-il ce soir?

LAFLEUR.

Oui, madame l'attend.

M. DÉTIEULETTE.

Mais avoir fait dire qu'elle se nommait la comtesse de Wordacle; je n'y conçois rien.

LAFLEUR.

Monsieur, avez-vous toujours Champagne à votre service?

M. DÉTIEULETTE.

Oui, je l'ai laissé derrière; son cheval n'a pu me suivre; mais voilà un singulier hasard; et tu ne sais pas le motif...?

LAFLEUR.

Non, monsieur; mais ne dites pas... Ah! voilà madame.

SCÈNE XV

LA MARQUISE, M. DÉTIEULETTE, GOTTE.

LA MARQUISE.

Quoi! monsieur le baron, vous passez devant mon château sans me faire l'honneur... Ah! monsieur!... Ah! que j'ai de pardons à vous demander : je vous ai pris pour un des parents de mon mari, et je vous ai fait prier de vous arrêter ici un moment. Je comptais lui faire des reproches, et ce sont des excuses que je vous dois... Ah! monsieur... Ah! que je suis fâchée de la peine que je vous ai donnée!

M. DÉTIEULETTE.

Madame...

LA MARQUISE.

Que d'excuses j'ai à vous faire!

M. DÉTIEULETTE.

Je rends grâce à votre méprise : elle me procure l'honneur de saluer madame la comtesse.

LA MARQUISE.

Ah! monsieur, on ne peut être plus confuse que je le suis. Mais, Gotte, mais voyez comme monsieur ressemble au baron.

GOTTE.

Oui, madame, à s'y méprendre.

LA MARQUISE.

Je ne reviens pas de mon étonnement : même taille, même air de tête...

SCÈNE XVI

LES PRÉCÉDENTS, UN MAITRE D'HOTEL.

LE MAÎTRE D'HÔTEL.

Madame est servie.

LA MARQUISE.

Monsieur, restez; peut-être n'avez-vous pas dîné. Monsieur, quoique je n'aie pas l'honneur de vous connaître...

M. DÉTIEULETTE.

Madame...

LA MARQUISE, *au maître d'hôtel.*

Monsieur reste.

M. DÉTIEULETTE.

Je ne sais, madame la comtesse, si je dois accepter l'honneur...

LA MARQUISE.

Vous devez, monsieur, me donner le temps d'effacer de votre esprit l'opinion d'étourderie que vous devez, sans doute, m'accorder.

(M. Détieulette donne la main; ils passent dans la salle à manger.)

SCÈNE XVII

GOTTE.

Ah! pour celui-là, on ne peut mieux jouer la comédie. Ah! les femmes ont un talent merveilleux. Elle l'a dit, elle ne dînera pas seule. Je ne reviens pas de sa tranquillité.

SCÈNE XVIII

GOTTE, LAFLEUR.

(Gotte lève un coussin de bergère, tire de dessous une manchette, qu'elle brode. Lafleur paraît; elle est prête à la cacher, et voyant que c'est Lafleur, elle se remet à broder. Lafleur a une serviette à la main, comme un domestique qui sert à table.)

LAFLEUR.

Enfin on peut causer.

GOTTE.

Ah! te voilà! Je pensais à toi. Tu ne sers pas à table?

LAFLEUR.

Est-ce qu'il faut être douze pour servir deux personnes?

GOTTE.

Et si madame te demande?

LAFLEUR.

Elle a Julien. Je suis cependant fâché de n'être pas resté, j'aurais écouté.

(Il tire le fil de Gotte.)

GOTTE.

Finis donc.

LAFLEUR.

C'est que je t'aime bien.

GOTTE.

Ah! tu m'aimes; je veux bien le croire. Mais il faut avouer que tu es bien singulier avec tes niaiseries.

LAFLEUR.

Quoi donc?

GOTTE.

Madame, sur votre respect. Madame, révérence parler. Madame, j'ai eu l'honneur d'aller au bout du corridor.

(Pendant ce couplet Lafleur rit.)

LAFLEUR.

Ah! ah!

GOTTE.

Hé! de quoi ris-tu?

LAFLEUR.

Comment! tu es la dupe de cela, toi?

GOTTE.

Quoi! la dupe?

LAFLEUR.

Oui, quand je parle comme cela à madame.

GOTTE.

Sans doute.

LAFLEUR.

Et que je fais le nigaud.

GOTTE.

Comment?

LAFLEUR.

Je le fais exprès.

GOTTE.

Tu le fais exprès?

LAFLEUR.

Tu ne sais donc pas comme les maîtres sont aises quand nous leur donnons occasion de dire : « Ah! que ces gens-là sont bêtes! Ah! quelle ineptie! Ah! quelle sotte espèce! Ils devraient bien manger de l'herbe », et mille autres propos. C'est comme s'ils se disaient à eux-mêmes : « Ah! que j'ai d'esprit! Ah! quelle pénétration! Ah! comme je suis bien au-dessus de tout cela »! Eh! pourquoi leur épargner ce plaisir-là? Moi, je le leur donne toujours, et tant qu'ils veulent, et je m'en trouve bien. Qu'est-ce que cela coûte?

GOTTE.

Je ne te croyais ni si fin ni si adroit.

LAFLEUR.

J'ai déjà fait cinq conditions; j'ai été renvoyé de chez trois pour avoir fait l'entendu, pour leur avoir prouvé que j'avais plus de bon sens qu'eux. Depuis ce temps-là j'ai fait tout le contraire, et cela me réussit, car j'ai déjà devant moi une assez bonne petite somme, que je veux mettre aux pieds de la charmante brodeuse, qui veut bien... (*Il veut l'embrasser.*)

GOTTE.

Mais, finis donc; tu m'impatientes.

LAFLEUR.

Tiens, Gotte, j'ai lu dans un livre relié, que pour faire fortune il suffit de n'avoir ni honneur ni humeur.

GOTTE.

A l'humeur près, ta fortune est faite.

LAFLEUR.

Ah! je ferai fortune.

GOTTE.

Mais, tu as lu; est-ce que tu sais lire?

LAFLEUR.

Oui; quand je suis entré ici, j'ai dit que je
ne savais ni lire ni écrire. Cela fait bien, on
se méfie moins de nous, et pourvu qu'on rem-
plisse son devoir, qu'on fasse bien ses com-
missions, avec cela l'air un peu stupide, at-
taché, secret, voilà tout. Ah! je ferai fortune.
Mais avant, ô ma charmante petite Gotte...

GOTTE.

Mais, finis donc, finis donc, finis donc; tu
m'as fait casser mon fil. Tiens, tes manchettes
seront faites quand elles voudront.

(*Elle les jette par terre, Lafleur les ramasse.*)

LAFLEUR.

Vous respectez joliment mes manchettes.
Ah! c'est bien brodé. Mais les as-tu commen-
cées pour moi?

GOTTE.

Donne, donne. Tu as donc peur de faire voir
à madame que tu as de l'esprit?

LAFLEUR.

Oui, vraiment.

GOTTE.

Vraiment; mais ne t'y fie pas. Madame voit
tout ce qu'on croit lui cacher. Il y a sept ans
que je suis à son service, je l'ai bien obser-
vée : c'est un ange pour la conduite, c'est un
démon pour la finesse. Cette finesse-là l'en-
traîne souvent plus loin qu'elle ne le veut, et
la jette dans des étourderies; étourderies
pour toute autre, témoin celle-ci; mais je ne
sais pas comme elle fait. Ce qui me désole-
rait, moi, finit toujours par lui faire honneur.
Je ne suis pas sotte, eh bien, elle me devine
une heure avant que je parle. Pour M. le marquis, qui se croit le plus savant, le plus fin,
le plus habile, le premier des hommes, il n'est

que l'humble serviteur des volontés de madame, et il jurerait ses grands dieux qu'elle ne pense, n'agit et ne parle que d'après lui. Ainsi, mon pauvre Lafleur, mets-toi à ton aise, ne te gêne pas, déploie tous les trésors de ton bel esprit, et près de madame tu ne seras jamais qu'un sot, entends-tu.

LAFLEUR.

Et avec cet esprit-là elle n'a jamais eu la moindre petite affaire de cœur? là quelque...?

GOTTE.

Jamais.

LAFLEUR.

Jamais. On dit cependant monsieur jaloux.

GOTTE.

Ah! comme cela par saillie. C'est elle bien plutôt qui serait jalouse; pour lui, il a tort, car c'est presque la seule femme de laquelle je jurerais, et de moi, s'entend.

LAFLEUR.

Ah! sûrement. Mais cela doit te faire une assez mauvaise condition.

GOTTE.

Ah! madame est fort généreuse.

LAFLEUR.

Imagine donc ce qu'elle serait s'il y avait quelque amourette en campagne. Avec les maîtres qui vivent bien ensemble, il n'y a ni plaisir ni profit. Ah! que je voudrais être à la place de Dubois.

GOTTE.

Pourquoi?

LAFLEUR.

Pourquoi? Et cette jolie personne enfermée chez monsieur, n'est-ce rien? Je parie que c'est la plus charmante petite intrigue. Monsieur va l'envoyer à Paris; il lui louera un appartement, il la mettra dans ses meubles; le valet de chambre fera les emplettes; c'est tout gain. Madame se doutera de la chose, ou quelque bonne amie viendra en poste à Paris pour lui en parler, sans le faire exprès. Ah! Gotte, si tu as de l'esprit, ta fortune est faite. Tu feras de bons rapports, vrais ou faux; tu attiseras le feu; madame se piquera, prendra de l'humeur et se vengera. Croirais-tu que je ne l'ai dit à madame que pour la mettre dans le goût de se venger?

GOTTE.

Tu es un dangereux coquin.

LAFLEUR.

Bon! qu'est-ce que cela fait? Il y a sept ans, dis-tu, que tu es à son service. Il faut qu'un domestique soit bien sot, lorsqu'au bout de sept ans il ne gouverne pas son maître.

GOTTE.

Il ne faudrait pas s'y jouer avec madame : elle me jetterait là comme une épingle.

LAFLEUR.

Voici, par exemple, pour elle une belle occasion : M. Détieulette est aimable.

GOTTE.

Monsieur...?

LAFLEUR.

M. Détieulette, cet officier.

GOTTE.

Est-ce que tu le connais?

LAFLEUR.

Oui; il m'a reconnu d'abord. Je l'ai beaucoup vu chez mon ancien maître; il était étonné de me voir chez le marquis de Clainville.

GOTTE.

Est-ce que tu lui as dit chez qui tu étais?

LAFLEUR.

Oui.

GOTTE.

Chez M. de Clainville?

LAFLEUR.

Oui, à madame de Clainville.

GOTTE.

A madame de Clainville? Ah! la bonne chose! C'est bien fait, avec ses détours, j'en suis bien aise; sa finesse a ce qu'elle mérite.

LAFLEUR.

Pourquoi donc?

GOTTE.

Je ne m'étonne plus s'il se tuait de l'appeler madame la comtesse. C'est que sous le nom de comtesse de Wordacle... Quoi! on a déjà dîné!

LAFLEUR.

Comme le temps passe vite!

GOTTE *cache les manchettes.*

Ciel! voilà madame!

SCÈNE XIX

LA MARQUISE, M. DÉTIEULETTE, GOTTE LAFLEUR.

LA MARQUISE *lance un regard sévère sur Lafleur et sur Gotte.*

Oui, monsieur, notre sexe trouvera toujours aisément le moyen de gouverner le vôtre. L'autorité que nous prenons marche par une route si fleurie, la pente est si insensible, notre constance dans le même projet a l'air si simple et si naturel, notre patience a si peu d'humeur, que l'empire est pris avant que vous vous en doutiez.

M. DÉTIEULETTE.

Que je m'en doutasse ou non, j'aimerais, madame, à vous le céder.

LA MARQUISE.

Je reçois cela comme un compliment; mais faites une réflexion. Dès l'enfance on nous ferme la bouche, on nous impose silence jusqu'à notre établissement; cela tourne au profit de nos yeux et de nos oreilles. Notre coup d'œil en devient plus fin, notre attention plus soutenue, nos réflexions plus délicates, et la modestie avec laquelle nous nous énonçons donne presque toujours aux hommes une confiance dont nous profiterions aisément, si nous nous abaissions jusqu'à les tromper.

M. DÉTIEULETTE.

Ah! madame, que n'ai-je ici pour second le colonel d'un régiment dans lequel j'ai servi, le marquis de Clainville.

LA MARQUISE.

Le marquis de Clainville! vous connaissez le marquis de Clainville?

M. DÉTIEULETTE.

Oui, madame.

(*Ici Gotte écoute avec attention.*)

LA MARQUISE.

Ne vous trompez-vous pas?

M. DÉTIEULETTE.

Non, madame. C'est un homme qui doit avoir à présent... oui, il doit avoir à présent cinquante à cinquante-deux ans, de moyenne taille, fort bien prise; beau joueur, bon chasseur, grand parleur, savant, se piquant de l'être, même dans les détails; connaissant tous les arts, tous les talents, toutes les sciences, depuis la peinture jusqu'à la serrurerie, depuis l'astrologie jusqu'à la médecine; d'ailleurs, excellent officier, d'un esprit droit et d'un commerce sûr.

(Ici *Golle* sourit.)

LA MARQUISE.

La serrurerie! ah! vous le connaissez.

M. DÉTIEULETTE.

Je ne sais pas s'il a des terres dans cette province.

LA MARQUISE.

Et M. de Clainville vous disait.?

M. DÉTIEULETTE.

Vous le connaissez aussi, madame?

LA MARQUISE.

Beaucoup; et il vous disait...?

M. DÉTIEULETTE.

On m'avait dit qu'il était veuf, et qu'il allait se remarier.

LA MARQUISE.

Non, monsieur, il n'est pas veuf.

M. DÉTIEULETTE.

On le plaignait beaucoup de ce que sa femme...

LA MARQUISE.

Sa femme...?

M. DÉTIEULETTE.

Avait la tête un peu...

LA MARQUISE.

Un peu?

M. DÉTIEULETTE.

Oui, qu'elle avait une maladie... d'esprit...

des absences... jusqu'à ne pas se ressouvenir des choses les plus simples, jusqu'à oublier son nom.

LA MARQUISE.

Pure calomnie! (*Gotte, pendant ces couplets, rit, et enfin éclate. La marquise se retourne et dit à Gotte :*) Qu'est-ce que c'est donc?

GOTTE.

Madame, j'ai un mal de dents affreux.

LA MARQUISE.

Allez plus loin, nous n'avons pas besoin de vos gémissements. (*A M. Détieulette.*) Enfin, que vous disait M. de Clainville sur le chapitre des femmes?

M. DÉTIEULETTE.

Ce qu'il disait était fort simple et avait l'air assez réfléchi. « Les femmes », disait M. de Clainville; vous m'y forcez, madame; je n'oserais jamais...

LA MARQUISE.

Dites, monsieur.

M. DÉTIEULETTE.

« Les femmes, disait-il, n'ont d'empire que sur les âmes faibles; leur prudence n'est que de la finesse, leur raison n'est souvent que du raisonnement; habiles à saisir la superficie, le jugement en elles est sans profondeur; aussi n'ont-elles que le sang-froid de l'instant, la présence d'esprit de la minute, et cet esprit est souvent peu de chose; il éblouit sous le coloris des grâces, il passe avec elles, il s'évapore avec leur jeunesse, il se dissipe avec leur beauté. Elles aiment mieux..... » Madame, c'est M. de Clainville qui parle, ce n'est pas moi; je suis si loin de penser...

LA MARQUISE.

Continuez, monsieur. Elles aiment mieux...?

M. DÉTIEULETTE.

« Elles aiment mieux réussir par l'intrigue
que par la droiture et par la simplicité; se-
crètes sur un seul article, mystérieuses sur
quelques autres, dissimulées sur tous. Elles
ne sont presque jamais agitées que de deux
passions, qui même n'en font qu'une, l'amour
d'un sexe et la haine de l'autre. Défendez-
vous », ajoutait-il... Madame, je...

LA MARQUISE.

Achevez, monsieur, achevez.

M. DÉTIEULETTE.

« Défendez-vous, ajoutait-il, de leur premier
coup d'œil; ne croyez jamais leur première
phrase, et elles ne pourront vous tromper. Je
ne l'ai jamais été par elles dans la moindre
petite affaire, et je ne le serai jamais. »

LA MARQUISE.

Et M. de Clainville vous disait cela?

M. DÉTIEULETTE.

A moi, madame, et à tous les officiers qui
avaient l'honneur de manger chez lui. Là-
dessus il entrait dans des détails...

LA MARQUISE.

Je n'en suis pas fort curieuse. Et sans doute,
messieurs, que vous applaudissiez; car lorsqu'un de vous s'amuse sur notre chapitre...

M. DÉTIEULETTE.

Je me taisais, madame; mais si j'avais eu
le bonheur de vous connaître, quel avantage
n'aurais-je pas eu sur lui, pour lui prouver
que la force de la raison, la solidité du jugement...

LA MARQUISE, *un peu piquée.*

Monsieur, je ne m'aperçois pas que j'abuse
de la complaisance que vous avez éue de vous

arrêter ici. Vous m'avez dit qu'il vous restait encore dix lieues à faire, et la nuit...

SCÈNE XX

LA MARQUISE, M. DÉTIEULETTE, GOTTE.

GOTTE.

Madame, voici M. le marquis... non, M. le comte, qui revient de la chasse.

LA MARQUISE *joue l'embarras.*

Quoi! déjà?... O ciel! Monsieur... je ne sais... je suis...

M. DÉTIEULETTE.

Madame, quelque chose paraît altérer votre tranquillité. Serais-je la cause...?

LA MARQUISE.

J'hésite sur ce que j'ai à vous proposer. Mon mari n'est pas jaloux, non, il ne l'est pas, et il n'a pas sujet de l'être; mais il est si délicat sur de certaines choses, et la manière dont je vous ai retenu...

M. DÉTIEULETTE.

Eh bien, madame?

LA MARQUISE.

Il va, sans doute, venir me dire des nouvelles de sa chasse, et il ne restera pas longtemps.

M. DÉTIEULETTE.

Madame, que faut-il faire?

LA MARQUISE.

Si vous vouliez passer un instant dans ce cabinet?

M. DÉTIEULETTE.

Avec plaisir.

LA MARQUISE.

Vous n'y serez pas longtemps. Sitôt qu'il

sera sorti de mon appartement, vous serez libre. Vous n'aurez pas le temps de vous ennuyer; vous pourrez de là entendre notre conversation. Je serai même charmée que vous nous écoutiez.

SCÈNE XXI

LA MARQUISE, GOTTE.

LA MARQUISE.

Ah! monsieur de Clainville, nous ne prenons d'empire que sur les âmes faibles! Je suis piquée au vif... oui... oui... il peut avoir tenu de ces discours-là... je le reconnais. Lui... lui, qui par l'idée qu'il a de son mérite, aurait été l'homme le plus aisé... Ah! que je serais charmée si je pouvais me venger... m'en venger, là, à l'instant, et prouver... Mais comment pourrais-je m'y prendre?... Si je lui faisais raconter à lui-même, ou plutôt en lui faisant croire... non... il faut que cela intéresse particulièrement mon officier... je veux qu'il en soit en quelque sorte... Si, par quelque gageure *(Ici, elle fixe la porte et la clef en rêvant)* M. de Clainville... Ah! *(Elle dit cela en souriant à l'idée qu'elle a trouvée)* non, non... Il serait pourtant plaisant... Mais que risqué-je...? *(Elle se lève, tire la clef du cabinet avec mystère.)* Il serait bien singulier que cela réussit. *(Elle rit de son idée, en mettant la clef dans sa poche; elle s'assied.)* Gotte, donnez-moi mon sac à ouvrage.

GOTTE.

Le voilà.

LA MARQUISE, *rêveuse.*

Donnez-moi mon sac à ouvrage.

GOTTE.

Hé! le voilà, madame.

LA MARQUISE.

Ah !

SCÈNE XXII

LE MARQUIS, LA MARQUISE, GOTTE.

LA MARQUISE, *sur sa chaise longue et faisant des noeuds.*

Eh bien, monsieur, avez-vous été bien mouillé?

LE MARQUIS.

J'aime la pluie. Et vous, madame, avez-vous eu beaucoup de monde?

LA MARQUISE.

Qui que ce soit. Votre chasse a sans doute été heureuse?

LE MARQUIS.

Ah! madame, des tours perfides. Nous débusquions des bois de Salveux; voilà nos chiens en défaut. Je soupçonne une traversée; enfin nous ramenons. Je crie à Brevaut que nous en revoyons; il me soutient le contraire. Mais je lui dis : « Vois donc la sole pleine, les côtés gros, les pinces rondes et le talon large »; il me soutient que c'est une biche brehaigne; cerf dix cors s'il en fût.

LA MARQUISE.

Je suis toujours étonnée, monsieur, de la prodigieuse quantité de mots, de termes que seulement la chasse sait employer. Les femmes croient savoir la langue française, et nous sommes bien ignorantes. Que de termes d'art, de sciences, de talents, et de ces arts que vous appelez...?

LE MARQUIS.

Mécaniques.

LA MARQUISE.

Mécaniques! eh bien, voilà encore un terme.

LE MARQUIS.

Madame, un homme un peu instruit les sait tous, à peu de chose près.

LA MARQUISE.

Quoi! de ces arts mécaniques!

LE MARQUIS.

Oui, madame. Je ne me citerai pas pour exemple : je me suis donné une éducation si singulière! et, sans avoir un empire à réformer, Pierre le Grand n'est pas entré plus que moi dans de plus petits détails. Il y a peu, je ne dis pas de choses servant aux arts, aux sciences, aux talents, mais même aux métiers, dont je n'eusse dit les noms; j'aurais jouté contre un dictionnaire.

(*Pendant ce commencement de scène, M. de Clainville peut défaire ses gants et les donner, ainsi que son couteau de chasse, à son domestique.*)

LA MARQUISE.

Je ne jouterais donc pas contre vous; car, moi, à l'instant, je regardais cette porte, et je me disais : « Chaque petit morceau de fer qui sert à la construire a certainement son nom », et, hors la serrure, je n'aurais pas dit le nom d'un seul.

LE MARQUIS.

Eh bien, moi, madame, je les dirais tous.

LA MARQUISE.

Tous? cela ne se peut pas.

LE MARQUIS.

Je le parierais.

LA MARQUISE.

Ah! cela est bientôt dit.

LE MARQUIS.

Je le parie, madame, je le parie.

LA MARQUISE.

Vous le pariez?

GOTTE, à part.

Notre prisonnier a bien affaire de tout cela.

LE MARQUIS.

Oui, madame, je le parie.

LA MARQUISE.

Soit; aussi bien depuis quelques jours ai-je besoin de vingt louis.

LE MARQUIS.

Que ne vous adressiez-vous à vos amis?

LA MARQUISE.

Non, monsieur, je ne veux pas vous devoir un si faible service; je vous réserve pour de plus grandes occasions, et j'aime mieux vous les gagner.

LE MARQUIS.

Vingt louis?

LA MARQUISE.

Vingt louis.

GOTTE, à part.

Cela m'impatiente pour lui. Demandez-moi à quel propos cette gageure.

LE MARQUIS.

Soit, je le veux bien.

LA MARQUISE.

Et vous me direz le nom de tous les morceaux de fer qui entrent dans la composition d'une porte, d'une porte de chambre, de celle-ci?

LE MARQUIS.

Oui, madame.

LA MARQUISE.

Mais il faut écrire à mesure que vous les nommerez, car je ne me ressouviendrai jamais...

LE MARQUIS.

Sans doute, écrivons, Dubois... (*A Gotte.*) Mademoiselle, je vous prie de faire venir Dubois. (*A la marquise.*) Toutes les fois, madame, que je trouverai une occasion de vous prouver que les hommes ont l'avantage de la science, de l'érudition et d'une sorte de profondeur de jugement... Il est vrai, madame, que ce talent divin, accordé par la nature, ce charme, cet ascendant avec lequel un seul de vos regards...

LA MARQUISE.

Ah! monsieur! songez que je suis votre femme, et un compliment n'est rien quand il est déplacé. Revenons à notre gageure; vous voudriez, je crois, me la faire oublier.

LE MARQUIS.

Non, je vous assure.

SCÈNE XXIII

LE MARQUIS, LA MARQUISE, DUBOIS, GOTTE.

LA MARQUISE.

Voici Dubois; nous n'avons pas de temps à perdre pour prouver ce que j'ai avancé, et nous avons encore dix lieues à faire aujourd'hui.

LE MARQUIS.

Que dites-vous, madame, aujourd'hui?

LA MARQUISE.

Je vous expliquerai cela; notre gageure, notre gageure.

LE MARQUIS.

Dubois, prends une plume et de l'encre, mets-toi à cette table, et écris ce que je vais te dicter.

LA MARQUISE.

Dubois, mettez en tête : « Vous donnerez vingt louis au porteur du présent, dont je vous tiendrai compte. »

LE MARQUIS.

Ils ne sont pas gagnés, madame.

LA MARQUISE.

Voyons, voyons, commencez.

LE MARQUIS.

Madame, ces détails-là vont vous paraître bien bas, bien singuliers, bien ignobles.

LA MARQUISE.

Dites bien brillants; je les trouverai d'or si j'en obtiens ce que je désire. Je suis cependant si bonne, que je veux vous aider à me faire perdre; vous n'oublierez sans doute pas la serrure et les petits clous qui l'attachent.

LE MARQUIS.

Ce ne sont pas des clous; on appelle cela des vis, serrées par des écrous; mettez la serrure, les vis, les écrous...

DUBOIS, *écrivant.*

Écrous.

LE MARQUIS.

L'entrée, la pomme, la rosette, les fiches...

LA MARQUISE.

Ah! quelle vivacité, monsieur. Ah! vous m'effrayez.

DUBOIS.

Les fiches...

LE MARQUIS.

Attendez, madame, tout n'est pas dit.

LA MARQUISE.

Ah! j'ai perdu, monsieur, j'ai perdu.

LE MARQUIS.

Madame, un instant. Fiches à vase, fiches de brisure, tiges, équerre, verrous, gâches...

LA MARQUISE.

Ah! monsieur, monsieur, c'est fait de mes vingt louis.

LE MARQUIS.

Je n'hésite pas, madame, je n'hésite pas, vous le voyez : un instant, un instant.

DUBOIS.

Gâches...

LA MARQUISE.

Mais voyez comme en deux mots, monsieur!

LE MARQUIS.

Madame...

LA MARQUISE.

Voulez-vous dix louis de la gageure?

LE MARQUIS.

Non, non, madame. Équerre, verrous, gâches...

DUBOIS.

C'est mis.

LA MARQUISE.

Dix louis, monsieur, dix louis.

LE MARQUIS.

Non, non, madame. Ah! vous voulez parier!

LA MARQUISE.

En voulez-vous quinze louis?

LE MARQUIS.

Je ne ferais pas grâce d'une obole. J'ai perdu

trois paris la semaine passée; il est juste que j'aie mon tour.

LA MARQUISE.

Je baisse pavillon. Je ne demande pas si vous avez oublié quelque terme.

LE MARQUIS.

Je ne le crois pas. Équerre, gâches, verrous, serrure.

LA MARQUISE.

Si c'était de ces grandes portes, vous auriez eu plus de peine.

LE MARQUIS.

Je les aurais dit de même. Gâches, verrous.

LA MARQUISE.

Eh bien, monsieur, avez-vous tout dit?

LE MARQUIS.

Oui... oui, madame, à ce que je crois: équerre, serrure.

LA MARQUISE.

Monsieur, ce qui me jette dans la plus grande surprise, c'est la promptitude, la précision du coup d'œil avec laquelle vous saisissez...

LE MARQUIS.

Cela vous étonne, madame.

LA MARQUISE.

Cela ne devrait pas me surprendre. Enfin, il ne reste plus rien...

LE MARQUIS.

Que de me payer, madame.

LA MARQUISE.

De vous payer? Ah! monsieur! vous êtes un créancier terrible. Si vous avez perdu, je serai plus honnête et je vous ferai plus de crédit.

LE MARQUIS.

Je n'en demande point.

LA MARQUISE.

Dubois, fermez ce papier et cachetez-le; voici mon étui.

LE MARQUIS.

Pourquoi donc, madame? cela est inutile.

LA MARQUISE.

Vous me pardonnerez. J'ai l'attention si paresseuse; les femmes n'ont que la présence d'esprit d'une minute, et elle est passée cette minute.

LE MARQUIS.

Vous croyez rire, mais ce que vous dites là, je l'ai dit cent fois.

LA MARQUISE.

Oh! je vous crois. J'espère, moi, de mon côté, que vous voudrez bien m'accorder une heure pour réfléchir, et examiner si vous n'avez rien oublié.

LE MARQUIS.

Deux jours, si vous l'exigez.

LA MARQUISE.

Non, je ne veux pas plus de temps qu'il ne m'en faut pour vous raconter l'histoire de ma journée; et la voici : je me suis ennuyée, mais très-ennuyée; je me suis mise sur le balcon, la pluie m'en a chassée; j'ai voulu lire, j'ai voulu broder, faire de la musique, l'ennui jetait un voile si noir sur toutes mes idées, que je me suis remise à regarder sur le grand chemin. J'ai vu passer un cavalier, qui pressait fort sa monture; il m'a saluée; il m'a pris fantaisie de ne pas dîner seule. Je lui ai envoyé dire que madame la comtesse de Wordacle le priait d'entrer chez elle.

LE MARQUIS.

Pourquoi la comtesse de Wordacle ?

LA MARQUISE.

Une idée : je ne voulais pas qu'il sût que je suis femme de M. de Clainville (*en élevant la voix*), de M. de Clainville, qui a des terres dans cette province.

LE MARQUIS.

Pourquoi?...

LA MARQUISE.

Je vous le dirai : il a accepté ma proposition. J'ai vu un cavalier qui se présente très-bien ; il est de ces hommes dont la physionomie honnête et tranquille inspire la confiance. Il m'a fait le compliment le plus flatteur ; il n'a échappé aucune occasion de me prouver que je lui avais plu, il a même osé me le dire ; et soit que naturellement il soit hardi avec les femmes, ou peut-être, malgré moi, a-t-il vu dans mes yeux tout le plaisir que sa présence me faisait... Enfin, que vous dirai-je? excusez ma sincérité, mais je connais l'empire que j'ai sur votre âme ; dans l'instant le plus décidé d'une conversation assez vive vous êtes arrivé, et je n'ai eu que le temps de le faire passer dans ce cabinet, d'où il m'entend, si le récit que je vous fais lui laisse assez d'attention pour nous écouter. Alors vous êtes entré ; je vous ai proposé ce pari assez indiscrètement ; je ne supposais pas que vous l'accepteriez, et j'ai eu tort, fatigué comme vous devez l'être, de vous avoir arrêté...

(*Le marquis par degrés prend un air sérieux, froid et sec.*)

LE MARQUIS.

Madame...

LA MARQUISE.

Mais... monsieur... je m'aperçois... Le cerf

que vous avez couru vous a-t-il mené loin?

LE MARQUIS.

Non, madame.

LA MARQUISE.

Vous me paraissez avoir quelque chagrin.

LE MARQUIS.

Non, madame, je n'en ai point. Mais ce monsieur doit s'ennuyer dans ce cabinet.

GOTTE, à part.

Ah, ciel!

LA MARQUISE.

N'en parlons plus, je vois que cela vous a fait quelque peine, et j'en suis mortifiée. Je... je... souhaiterais d'être seule.

(Dubois et Gotte se retirent d'un air embarrassé dans le fond du théâtre. Gotte a l'air plus effrayé.)

LE MARQUIS.

Je le crois.

LA MARQUISE.

Je désirerais...

LE MARQUIS.

Et moi je désire entrer dans ce cabinet et voir l'homme qui a eu la témérité...

GOTTE.

Ah! quelle imprudence!

LA MARQUISE, jouant l'embarras.

Permettez-moi, monsieur, de vous proposer un accommodement...

LE MARQUIS.

Un accommodement, madame? Je ne vois pas quel accommodement...

LA MARQUISE.

Si j'ai perdu le pari, donnez-m'en la revanche.

LE MARQUIS.

Madame, il n'est pas question de plaisanter.

LA MARQUISE.

Je ne plaisante point : je vous demande ma revanche.

LE MARQUIS.

Et moi, madame, je vous demande la clef de ce cabinet et je vous prie de me la donner.

LA MARQUISE.

La clef, monsieur?

LE MARQUIS.

Oui, la clef, la clef!

LA MARQUISE.

Et si je ne l'ai pas.

LE MARQUIS.

Il est un moyen d'entrer, c'est de jeter la porte en dedans.

LA MARQUISE.

Monsieur, point de violence : ce que vous projetez vous sera aussi facile lorsque vous m'aurez accordé un moment d'audience.

LE MARQUIS.

Je vous écoute, madame.

LA MARQUISE.

Asseyez-vous, monsieur.

LE MARQUIS.

Non, madame.

LA MARQUISE.

Avant de vous emporter à des extrémités, qui sont indignes de vous et de moi, je vous prie de me faire payer les vingt louis du pari, parce que vous avez perdu.

LE MARQUIS.

Ah! morbleu! madame, c'en est trop!

LA MARQUISE.

Arrêtez, monsieur; dans ce pari vous avez oublié de parler d'une clef, d'une clef, d'une clef; vous ne doutez pas qu'elle ne soit de fer. Vous l'avez bien nommée depuis avec une fureur et un emportement que je n'attendais pas; mais il n'est plus temps. J'ai voulu faire un badinage de ceci, et vous faire demander à vous-même le morceau de fer que vous aviez oublié; mais je vois, et trop tard, que je ne devais pas m'exposer à la singularité de vos procédés. Lisez, monsieur. (*Elle prend le papier, rompt le cachet, et le lui donne tout ouvert. Il le prend avec dépit, et lit d'un air indécis, distrait et confus.*) Quant à cette clef que vous demandez, tenez, monsieur, la voici cette clef; ouvrez ce cabinet, ouvrez-le vous-même, regardez partout, justifiez vos soupçons, et accordez-moi assez d'esprit pour penser que, lorsque j'ai la prudence d'y faire cacher quelqu'un, je ne dois pas avoir la sottise de vous le dire.

LE MARQUIS, *confus.*

Ah! madame!

LA MARQUISE.

Quoi! vous hésitez, monsieur! que n'entrez-vous dans ce cabinet; je vais l'ouvrir moi-même.

LE MARQUIS.

Ah! madame, madame! c'est battre un homme à terre.

LA MARQUISE.

Non, non : ce que je vous ai dit est, sans doute, vrai.

LE MARQUIS.

Ah! madame, que je suis coupable.

LA MARQUISE.

Hé! non, monsieur, vous ne l'êtes point.

LE MARQUIS.

Madame, je tombe à vos genoux.

LA MARQUISE.

Relevez-vous, monsieur.

LE MARQUIS.

Me pardonnez-vous?

LA MARQUISE.

Oui, monsieur.

LE MARQUIS.

Vous ne le dites pas du profond du cœur.

LA MARQUISE.

Je vous assure que je n'y ai nulle peine.

LE MARQUIS.

Que de bonté!

LA MARQUISE.

Ce n'est point par bonté, c'est par raison.

LE MARQUIS.

Ah! madame! qui s'en serait méfié. (*En regardant le papier.*) Oui... oui. O ciel! avec quelle
adresse, avec quelle finesse j'ai été conduit à
demander cette clef, cette maudite clef. (*Il
lit.*) Oui, oui, voilà bien la serrure, les vis, les
écrous. Diable de clef! maudite clef! Mais,
Dubois, ne l'ai-je pas dit?

DUBOIS.

Non, monsieur, j'ai pensé vous le dire.

LE MARQUIS.

Madame, madame, j'en suis charmé, j'en
suis enchanté; cela m'apprendra à n'avoir
plus de vivacité avec vous; voici la dernière
de ma vie. Je vais vous envoyer vos vingt
louis, et je les paye du meilleur de mon cœur.
Vous me pardonnez, madame?

LA MARQUISE.

Oui, monsieur, oui, monsieur.

LE MARQUIS, *revenant sur ses pas.*

Mais admirez combien j'étais simple, avec l'esprit que je vous connais, d'aller penser... d'aller croire... Ah! je suis... je suis... je vais, madame, je vais faire acquitter ma dette.

LA MARQUISE *le conduit des yeux et met la clef à la porte du cabinet.*

Gotte, voyez si monsieur ne revient pas.

SCÈNE XXIV

LA MARQUISE, M. DÉTIEULETTE, GOTTE.

LA MARQUISE *ouvre le cabinet.*

Sortez, sortez. Hé bien! monsieur, sortez.

M. DÉTIEULETTE.

Madame, je suis étonné, je suis confondu de tout ce que je viens d'entendre.

LA MARQUISE.

Hé bien! monsieur, avez-vous besoin d'autre preuve pour être convaincu de l'avantage que toute femme peut avoir sur son mari? et si j'étais plus jolie et plus spirituelle...

M. DÉTIEULETTE.

Cela ne se peut pas.

LA MARQUISE.

Encore, monsieur, ne me suis-je servie que de nos moindres ressources. Que serait-ce si j'avais fait jouer tous les mouvements du dépit, les accents étouffés d'une douleur profonde, si j'avais employé les reproches, les larmes, le désespoir d'une femme qui se dit outragée? Vous ne vous doutez pas, vous n'avez pas d'idée de l'empire d'une femme qui a su mettre une seule fois son mari dans son tort. Je ne suis pas moins honteuse du personnage que j'ai fait : je n'y penserai jamais

sans rougir. Ma petite vengeance m'a conduite plus loin que je ne voulais. Je suis con-
vaincue que le désir de montrer de l'esprit
ne nous mène qu'à dire ou à faire des sot-
tises.

M. DÉTIEULETTE.

Quel nom donnez-vous à une plaisanterie!

LA MARQUISE.

Ah! monsieur, en présence d'un étranger,
que j'ai cependant tout sujet de croire un ga-
lant homme.

M. DÉTIEULETTE.

Et le plus humble de vos serviteurs.

LA MARQUISE.

J'ai jeté une sorte de ridicule sur mon
mari, sur M. de Clainville; car vous savez ma
petite finesse à votre égard.

M. DÉTIEULETTE.

Je le savais avant.

LA MARQUISE.

Quoi! monsieur, vous saviez...

M. DÉTIEULETTE.

Que j'avais l'honneur d'être chez madame
de Clainville : un de vos domestiques me l'a-
vait dit.

LA MARQUISE.

Comment! monsieur, j'étais votre dupe?

M. DÉTIEULETTE.

Non, madame; mais je n'étais pas la vôtre!

LA MARQUISE.

Ah! comme cela me confond! Et cette
femme qui a des absences, qui oublie son
nom? Quoi! monsieur, vous me persifliez?

M. DÉTIEULETTE.

Madame, je vous en demande pardon.

LA MARQUISE.

Ah! comme cela me confond et me fortifie dans la pensée d'abjurer toute finesse! (*Elle se promène avec dépit.*) Ah! ciel! J'espère, monsieur, que cet hiver, à Paris, vous nous ferez l'honneur de nous voir. Je veux alors, en votre présence, demander à M. de Clainville pardon du peu de décence de mon procédé. Gotte, faites sortir monsieur par votre escalier. Adieu, monsieur.

M. DÉTIEULETTE.

Adieu, madame.

LA MARQUISE.

Je vous souhaite un bon voyage.

SCÈNE XXV

LA MARQUISE.

Comment! il le savait! Ah! les hommes, les hommes nous valent bien... J'ai bien mal agi... Il a heureusement l'air d'un honnête homme. J'en suis au désespoir... Mon procédé n'est pas bien; cela est affreux devant un étranger, qui peut aller raconter partout... Voilà ce qui s'appelle se manquer à soi-même.

SCÈNE XXVI

LA MARQUISE, GOTTE.

GOTTE.

Ah! madame! je n'ai plus une goutte de sang dans les veines; vous m'avez fait trembler.

LA MARQUISE.

Pourquoi donc?

GOTTE.

Et si monsieur était entré?

LA MARQUISE.

Hé bien !

GOTTE.

Et s'il avait vu ce monsieur ?

LA MARQUISE.

Alors, je lui aurais demandé si, lorsqu'il tient cachées dans son appartement deux femmes qu'il connaît depuis quinze ans, il ne m'est pas permis de cacher dans le mien un homme que je ne connais que depuis quinze minutes.

GOTTE.

Ah ! c'est vrai ; je n'y pensais pas.

LA MARQUISE.

Gotte, vous direz à Dubois de faire demain matin le compte de Lafleur et de le renvoyer.

GOTTE.

Madame, que peut-il avoir fait ? C'est un si bon garçon. Il est vrai qu'il est un peu bête.

LA MARQUISE.

Ce n'est pas cela : je le crois bête et malin. Je n'aime pas les domestiques qui reportent chez madame ce qui se passe chez monsieur. Cela peut servir de leçon.

GOTTE, à part.

Le voilà bien avancé, avec son bel esprit ; il a bien l'air de ne pas avoir mes manchettes. Madame, j'entends la voix de monsieur.

SCÈNE XXVII

LE MARQUIS, LA MARQUISE,
M. DÉTIEULETTE.

LA MARQUISE.

Ah ! ciel !

LE MARQUIS, *à M. Détieulette.*

Madame? Madame excusera. Vous êtes en bottines, vous descendez de cheval. Voici, madame, M. Détieulette que je vous présente; bon gentilhomme, brave officier, et qui nous appartiendra bientôt de plus près que par l'amitié. Voici les cinquante louis : j'ai voulu vous les apporter moi-même.

LA MARQUISE.

Cinquante louis! ce n'est que vingt louis.

LE MARQUIS.

Cinquante, madame : je me suis mis à l'amende. Je vous supplie de les accepter; au désespoir de ma vivacité.

LA MARQUISE.

C'est moi qui suis interdite.

LE MARQUIS.

Je ne m'en ressouviendrai jamais que pour me corriger.

LA MARQUISE.

Et moi de même.

LE MARQUIS.

Vous, madame? point du tout : vous badiniez. Mon cher ami, vous n'êtes pas au fait, mais je vous conterai cela ; c'est un tour aussi bien joué... il est charmant, il est délicieux: vous jugerez de l'esprit de madame et de toute sa bonté. Puisse celle que vous épouserez avoir d'aussi excellentes qualités... Elle les aura, elle les aura, soyez-en sûr.

M. DÉTIEULETTE.

Je crois que j'ai tout sujet de le souhaiter.

LA MARQUISE.

Monsieur...

LE MARQUIS.

Madame, retenez monsieur ici un instant

Ah ! mon ami, quelle satisfaction je me prépare ! je reviens, je reviens à l'instant.

SCÈNE XXVIII

M. DÉTIEULETTE, LA MARQUISE.

LA MARQUISE.

Hé bien, monsieur, tout ne sert-il pas à augmenter ma confusion? M. de Clainville vous a donc rencontré?

M. DÉTIEULETTE.

Non, madame, je me suis fait présenter chez lui ; il sortait, il m'a conduit ici. Lorsque j'ai eu l'honneur de vous saluer sur le grand chemin, c'est chez lui que je descendais, c'est chez M. de Clainville que j'avais affaire. Jugez de ma surprise lorsqu'avec un air de mystère on m'a fait entrer chez vous par la petite porte du parc; ajoutez-y le changement de nom. Je vous l'avouerai, je me suis cru destiné aux plus grandes aventures.

LA MARQUISE.

Hé ! que veut dire M. de Clainville en disant que vous nous appartiendrez de plus près que par l'amitié?

M. DÉTIEULETTE.

C'est à lui, madame, à vous expliquer cette énigme; et il me paraît qu'il n'a point dessein de vous faire attendre; le voici. Ciel ! c'est mademoiselle de Clainville.

SCÈNE XXIX

LE MARQUIS, LA MARQUISE, M. DÉTIEU-
LETTE, MADEMOISELLE ADÉLAIDE, SA
GOUVERNANTE, GOTTE.

LE MARQUIS.

Oui, la voilà. Est-il rien de plus aimable !
Mon ami, recevez l'amour des mains de l'a-
mitié. Madame, vous ne saviez pas avoir mademoiselle dans votre château ; elle y est depuis hier. Je suis rentré trop tard, et je suis
aujourd'hui sorti trop matin pour vous la présenter. Elle nous appartient de tout près :
c'est la fille de feu mon frère, ce pauvre chevalier, mort dans mes bras à la journée de
Laufeld. Son mariage n'était su que de moi.
Vous approuverez certainement les raisons
qui m'ont forcé de vous le cacher : mon père
était si dur, et dans la famille... je vous expliquerai cela. Ma chère fille, embrassez votre tante.

LA MARQUISE.

C'est, je vous assure, de tout mon cœur.

MADEMOISELLE ADÉLAÏDE.

Et moi, madame, quelle satisfaction ne dois-
je pas avoir ?

LE MARQUIS.

Madame, je la marie, et je la donne à monsieur ; je dis je la donne, c'est un vrai présent ; et il ne l'aurait pas, si je connaissais un
plus honnête homme.

M. DÉTIEULETTE.

Quoi ! madame, j'aurai le bonheur d'être votre neveu ?

LE MARQUIS.

Oui, mon ami, et avant trois jours. Je cours demain à Paris; il y a quelques détails dont je veux me mêler.

M. DÉTIEULETTE.

Mademoiselle, consentez-vous à ma félicité?

MADEMOISELLE ADÉLAÏDE.

Monsieur, je ne connaissais pas toute la mienne; et vous avez dès à présent à m'obtenir de madame.

M. DÉTIEULETTE.

Madame, puis-je espérer...

LA MARQUISE.

Oui, monsieur, et j'en suis enchantée. Le ciel ne m'a point accordé d'enfant; et de cet instant-ci je crois avoir une fille et un gendre. Monsieur, je vous l'accorde.

MADEMOISELLE ADÉLAÏDE, *en donnant sa main.*

C'est autant par inclination que par obéissance.

LE MARQUIS.

Cela doit être. (*A la marquise.*) Ma nièce est charmante.

LA MARQUISE.

Je suis bien trompée, si mademoiselle n'a pas beaucoup d'esprit; et je suis sûre que, sans détours, sans finesse, elle n'en fera usage que pour se garantir de la finesse des autres, pour bien régler sa maison et faire le bonheur de son mari.

M. DÉTIEULETTE.

Si mademoiselle avait besoin d'un modèle, je suis sûr, madame, qu'elle le trouverait en vous.

LA MARQUISE.

Oui, monsieur, oui, monsieur; la finesse n'est bonne à rien. Point de finesse, point de finesse; on est toujours la dupe.

LE MARQUIS.

Et surtout avec moi.

LA MARQUISE.

Ah! monsieur de Clainville! ah! comme j'ai eu tort!

LE MARQUIS.

Quoi!

LA MARQUISE.

Passons chez vous.

GOTTE *les regarde partir, et dit:*

Ah! si cette aventure pouvait la guérir de ses finesses! Que de femmes, que de femmes à qui, pour être corrigées, il en a coûté davantage!

FIN DE LA GAGEURE IMPRÉVUE.

TABLE

—

FIN DE LA TABLE

Paris. — Imprimerie Nouvelle (association ouvrière), 11, rue Cadet.
A. Mangeot, directeur. — 676-83

TABLE

www.ingramcontent.com/pod-product-compliance
Lightning Source LLC
Chambersburg PA
CBHW052100090426
42739CB00010B/2253